법구경

불타의 게송

법구경

法句經

덕현 옮김

도서출판 法華

차 례

첫째門

佛·法·僧

세 가지 보배

잠 못 이루는 사람에게 밤은 길고
지친 나그네에게 길이 멀듯이
불법(佛法)을 모르는 어리석은 자에게
생사(生死)의 밤길은 길고 멀어라

마음[1]이야말로 만유(萬有)의 근본
모든 것은 마음이 주인이며 마음으로
이루어지나니[2]
마음 가운데 악한 생각 일으켜
함부로 말하고 행동하면
죄업과 괴로움이 뒤따라온다
수레바퀴가 수레 끄는 자의 발길을 따라오듯이

마음이야말로 만유의 근본
일체는 마음의 지은 바요, 마음으로 이루어지나니
마음 가운데 착한 생각 일으켜
선한 말을 하고 바르게 행동하면
행복과 기쁨이 뒤를 따르리라
물체의 그림자가 그 형상을 따르듯이

누가 싸움터에 나가
혼자서 백만대군을 무찔렀다 해도
어찌 스스로 자기 자신 하나를 이긴
장부의 진정한 승리에 비하랴

자기를 이기는 것은
그 누구를 이기는 것보다 빛나는 승리
자기를 꺾고 자기의 항복을 받은 자
바야흐로 모든 것의 주인이 되리라

6 •

천왕(天王)도 천인(天人)도, 건달바(乾達婆)[3]도
심지어 마왕(魔王)[4]도, 범천(梵天)[5]도
한번 자기를 정복한 이의 승리는
뒤집을 수 없네

그대의 주(主)를 따로 찾지 말라
그대가 바로 그대 자신의 주
자기를 조복(調伏)받은 자
참으로 만나기 어려운 주인을 찾은 것이다

자기야말로 자신의 주인
자기야말로 자신이 돌아가 의지할 품
그러니, 너의 고삐를 네가 잡으라
말 주인이 말의 고삐를 잡듯

9 •

노새나 말이나 코끼리를 타고는
아직 가보지 않은 그 나라엔 갈 수가 없네
오직 잘 길들여진 자신을 타고서야
열반(涅槃)[6]의 그 나라에 갈 수 있다네

허공 중엔 눈에 보이는 길이 없어라
대수행인[7]은 겉으로 드러나는 행으로
알아볼 수 없다
삼계중생(三界衆生) 환(幻)의 세계에서
즐거움을 구하나
여래(如來)는 환의 세계를 온전히 벗어났으니[8]

허공 중엔 눈에 보이는 길이 없어라
대수행인은 겉으로 드러나는 행으로
알아볼 수 없다
삼계 어디에도 영원한 목숨 없으되[9]
깨달은 이, 불타(佛陀)에겐 오고감이 없으니

해는 낮에 빛나고
달은 밤에 빛나며
전사(戰士)는 갑옷을 입었을 때 빛나고
수행자는 선정(禪定)에 들었을 때 빛난다
그러나 불타의 몸은 밤낮이 없이 방광(放光)하나니
사라지지 않는 그 광휘(光輝) 눈부시어라

정각(正覺)을 성취하여 미망(迷妄)을 벗어난 이,
늘 선정을 여의지 않고 참으로 지혜로우며
삼계(三界)를 벗어나 안심입명(安心立命)한 이를
천상의 신들도 부러워하며 경배하네

사람의 몸으로 태어나기 어렵고
제 명대로 살기도 어려우나
정법(正法)을 가르침 받기가 진정 어려우며
불타의 출현은 참으로 희유(稀有)한 일

불타께서 세상에 몸을 나투시는 일
희유하여라
위없는 성인은
인연이 구족(具足)되지 않은 곳엔 탄생하시지 않나니
그가 태어난 가문의 혈족들은
온갖 큰 은혜를 두루 입는다

나는 모든 것을 이겼고
모든 것을 알았노라!
일체의 번뇌를 여의고 일체의 죄업을 떠났노라!
일체의 갈애를 부수고 온전히 해탈하였노라
몸소 정각을 성취하여 위없는 반야(般若) 이루었으니
그 누구를 나의 스승이라 하랴[10]!

무량겁(無量劫)을 두고 생을 받으며
이 집 지은 자[11]를 찾고자 하여
헤매고 헤매고 헤매었나니
끊임없는 생사가 온통 고(苦)였어라

아, 집 지은 자여! 드디어 너를 찾았노라
이제는 더 이상 집을 짓지 못하리라
서까래는 모조리 꺾이었고
대들보마저 산산이 부서졌으니
내 마음은 마침내 구경(究竟)의 열반에 이르렀도다
일체의 욕망이 말라버렸네

불멸의 승리자, 삼계의 일체 존재를 이긴 자
정각자(正覺者), 일체지자(一切智者)인 불타를
그 무슨 수로 이끌어
다시 윤회(輪廻)의 길에 빠뜨릴 수 있으랴

모든 갈애의 덫을 끊고 삼독(三毒)[12]을 없애버린
정각자이며 일체지자인 불타를
누가 그 무슨 수로 이끌어
다시 윤회의 길에 빠뜨릴 수 있으랴

예전부터 전해오는 말
지금도 틀림없는 말:
"침묵하는 사람은 비난 받는다.
말 많은 사람도 비난 받는다.
말을 아껴도 비난 받는다.
하여, 삼계에 비난 받지 않는 존재는 없네."

옛날에도 없었고 앞으로도 없으며
지금도 없구나
비난만 받는 사람도
칭송만 받는 존재도

그렇지만, 분별있는 사람들이
'이 분은 온갖 허물을 떠났고 진정 지혜로우며
알아야 할 것을 알고 지고(至高)의 덕망을
갖추었다'고
두고두고 찬탄하는 이가 있다면

감히 누가 나서서 비방하랴
실로 잠부강의 순금으로 만든
금화와 같은 이 존재를
천상의 신들 또한 그를 찬탄하리니
범천(梵天)조차 그를 찬탄하리니[13)]

무상(無上)의 도(道)는 팔정도(八正道)[14)]
가장 거룩한 진리는 사성제(四聖諦)[15)]
으뜸가는 법은 무욕청정심(無慾淸淨心)
삼계의 위없는 성인은 눈 뜨신 불타(佛陀)

이것이 열려있는 단 하나의 길
진리에 눈 뜨게 하는 다른 길은 없도다
이 길로 나아가라
마(魔)라 해도 그대를 어찌할 수 없으리라

이 길로 나아가는 자
피로움의 끝에 이르리로다
나, 이 길 끝에서 가시를 뽑아내었나니
이제 그대들에게 이 길을 열어 보이노라

그대 스스로 힘써 나아가야 하리
여래는 다만 길잡이일 뿐
이 길을 닦아 나아가는 자
마의 속박에서 결정코 벗어나리라

한번 생겨난 것은 다 변해가고
끝내는 사라지고 만다 (諸行無常)
이 실상(實相)을 여실히 보고 깨달은 사람은
일체의 괴로움을 능히 떨치니
이것이 청정(清淨)에 이르는 바른 길이다[16]

인연화합(因緣和合)으로 벌어지는
모든 것은 괴로움이다 (一切皆苦)
이 실상을 여실히 보고 깨달은 이는
일체의 고(苦)를 기꺼이 염리(厭離)[17]하나니
이것이 청정에 이르는 두 번째 길이다

모든 존재에는 그 실체(實體)가 없다 (諸法無我)
이 실상을 여실히 보고 깨닫는다면
일체의 고뇌를 여의게 되니
이것 또한 청정에 이르는 바른 길이다

'일체의 죄업(罪業)을 짓지 말고
온갖 선업(善業)을 두루 행하며
스스로 자신의 마음을 맑히어 닦으라'
이것이 모든 부처님들의 한결같은 가르침[18)]

'남을 비방하지 말라
해치지 말라
계율(戒律)을 지키고
음식과 잠을 조절하며
고요히 좌정(坐定)하여 진리를 참구(參究)하라'
또한 이것이 모든 부처님들의 한결같은 가르침이다

필요할 때 벗이 있다는 것은 기쁨
만족할 줄만 알면 언제나 기쁘고
선업을 쌓아두면 임종의 순간에도 기쁘다
모든 고(苦)를 다 여읜 열반은 더할 수 없는 기쁨

35 •

어머니가 살아계신 세상은,
아버지가 살아계신 세상은 기쁨이다
수행자(修行者)가 있는 세상은 큰 기쁨,
성스러운 수행자가 있는 세상은
진실로 큰 기쁨이다

계율을 지닌 채 늙어가는 것 즐거워라
신심(信心)이 깊이 뿌리내리는 것도 즐거움이요
반야(般若)를 얻는 것은 크나큰 즐거움,
죄업을 벗어나는 일은 더욱 큰 즐거움이네

37 •

베푸는 것 가운데 으뜸은 법보시(法布施)요
맛 가운데 으뜸은 감로미(甘露味)[19] 라네
즐거움 가운데 으뜸은 법열(法悅)이며
욕망을 뿌리 뽑아 고(苦)를 여읨은 으뜸가는 일

세상을 정복할 자 누구이더냐
야마천(夜摩天)[20]과 인간세계, 천상세계를…….
그 누가 가장 높은 진리의 언구(言句) 가려 모을까
꽃다발 만드는 이가 좋은 꽃만 골라 모으듯

여래의 법 닦는 자가 세상을 정복하고
야마천, 천상, 인간 정복하리라
여래의 성제자(聖弟子)[21]가 위없는 법(法) 가려내리
꽃다발 만드는 이가 고운 꽃만 가려 모으듯

저 한길 가 썩어가는 쓰레기 더미
더러운 흙탕 속에서
맑고도 고운 자태 연꽃이 피어
그 향기 아리도록 번져오나니

눈멀고 어리석어
진흙탕 쓰레기 같은 사람들 속에
정각자(正覺者) 세존(世尊)의 성제자가 있다
그 고결한 지혜의 향기 중생을 깨우네

여래의 성제자들은
언제나 고도로 각성되어 있고
그들의 마음은 낮이나 밤이나
늘 부처님을 우러르고 있다

여래의 성제자들은
언제나 면밀하게 깨어있고
그 마음은 낮이나 밤이나
항상 부처님의 가르침을 받들고 있다

여래의 성제자들은
언제나 명민한 주의력으로
그 마음 낮이건 밤이건
부처님의 승단을 호지(護持)하고 있다

여래의 성제자들은
빈틈없이 고도로 각성되어 있고
그들의 마음은 밤낮으로
늘 자신을 살피고 있다

여래의 성제자들은
항상 면밀하게 깨어있고
그 마음은 밤낮으로
항상 자비심을 발하고 있다

여래의 성제자들은
자나 깨나 명민한 주의력으로
그 마음 낮이건 밤이건
한결같이 참선수행을 즐거워한다

48 •

정각자이신 불타의 가르침을 들은 이들은
그 법을 삼가 받들어 지닐 것이니
저 불을 숭배하는 바라문(婆羅門)들이
불을 거룩히 여겨 꺼지지 않게 지키듯 하라

둘째門

正見

어리석음에서 벗어나라

불법을 배우지 못하고 세월 지나면
소가 나이 드는 것과 무엇이 다르랴
겉으로 볼품없이 살만 쪄갈 뿐
그 안의 지혜(智慧)는 조금도 자라지 않네

50 •

성스러운 무상대도(無上大道)를 듣지 못하고
삿되게 살아가는 백 년보다도
여래의 위없는 가르침 알고 지내는
그 하루가 정녕 나은 것이다

진리를 거짓으로 여기고
거짓을 도리어 진리라 여기는
이 삿된 소견을 떨치지 못하고는
끝내 진리의 결실을 얻을 수가 없다

진리를 곧 진리로 알고
거짓을 거짓인 줄 바르게 앎으로써
이 바른 지견(知見)에 의지하여 나아가
필경에 참된 진리를 여실히 깨달으리

53 •

선정(禪定)을 알지 못하고
법(法)에 대한 바른 지견도 없으며
굳건한 신심(信心)을 갖추지 못한
그런 사람의 지혜는 보잘것이 없다

자기 자신을 먼저 가르친 뒤에야
비로소 다른 사람들을 가르칠 수 있나니
이와 같이 교화(敎化)하는 스승이라면
누구에게도 수모를 당하지 않으리라

다른 사람을 가르치려면
자신부터 스스로의 말을 따라야 하리
다른 이의 귀의(歸依)를 받으려거든 자신이 먼저
자기의 가르침에 귀의하는,
이 어려운 일을 행할지어다

56 •

인간은 삶과 죽음이 불안하고 두려워
온갖 곳으로 도피한다
깊은 산과 숲속……
고목(古木) 따위나 신전(神殿)에 안녕을 빈다

그러나 그런 곳에 안락은 없다
어디라도 진정한 안식처가 되지 못하리
마음 한켠의 온갖 불안과 고뇌
끝내 떨칠 수가 없을 것이니

마침내, 불타(佛陀)와 불법(佛法)과 승가(僧伽)
이 진정한 안식처, 삼보(三寶)에 귀의(歸依)한 사람
자신의 지혜로 역력히 보게 되리라
삼계를 벗어나는,
다음 네 가지의 거룩한 진리(四聖諦)를

하나, 이 삼계의 생사윤회가 괴롭고 두렵다는 것 (苦)
둘, 생사의 괴로움이 원인이 있어 벌어진다는 것 (苦集)
셋, 괴로움이 사라진 열반에 이를 수 있다는 것 (苦滅)
넷, 그 열반에 이르는 바른 길이 열려 있다는 것 (苦滅道)

이것만이 유일한 안식처요
가장 뛰어난 귀의처(歸依處)
이곳에 이르는 자
일체의 괴로움에서 벗어나리라

열반을 가리키지 못하는
천 마디 말 어디에 쓰랴
듣는 이의 마음을 바로 쉬게 하는
일구(一句)의 법문(法門)이 값지고 귀하다

열반에 나아가게 하지 못하는 게송(偈頌)이라면
천 수(首)를 들은들 무엇 하랴
듣는 이를 안심입명(安心立命)케 하는
한 수의 게송이면 충분한 것을

열반으로 이끌어주지 못하는
백 편의 노래보다
귀 있는 자의 번뇌(煩惱)를 적멸(寂滅)케 하는
단 한 편의 노래가 나은 것이다

64 •

저속하고 삿된 가르침을 따라
성찰 없이 지내며 방일(放逸)하지 말라
거짓된 가르침에 속아
덧없는 세계에 윤회하지 말라

온 땅의 권력을 거머쥔 왕이 되기보다
천상(天上)에 태어나기보다,
삼계의 최고신이 되기보다
불문(佛門) 안에서 법을 닦아
수다원과(修陀洹果)[22]만이라도 얻는 편이
훨씬 더 낫다

경전의 때는 봉송(奉誦)하지 않는 것
집의 때는 방치
몸의 때는 게으름
파수꾼의 때는 딴전

간통은 배우자의 때
인색함은 보시(布施)하는 사람의 때
이 세상 저 세상의 모든 악도(惡途)는
온통 때에 절어있구나

그러나 삼계의 모든 때 중에
가장 더러운 때가 있으니, 그것은 바로 무명(無明)[23]
오, 탁발수행자(托鉢修行者)들이여
이 때를 씻고 청정해지라

자기의 어리석음을 스스로 알면
그만큼은 이미 지혜로운 것
그러나, 대부분 스스로를 현명하다 여기나니
이것이 참으로 어리석은 일

반야를 얻은 분이 사람들을 깨우치고
가르침을 베풀며
악으로부터 구제해도
선근(善根) 있는 사람들은 기쁘게 믿고 따르지만
악인들은 도리어 피하고 싫어하네

무지하고 삿된 소견에 싸여,
깨달은 분을 비방하거나
성스러운 법에 의지해 나아가는 사람들을 비웃으면
이 어리석은 자들 곧 스스로 부른
파멸에 이를 뿐이다
열매를 맺고 나면 즉시 말라 죽는 대나무처럼[24)]

지혜로운 이가 불법을 들으면
그 마음 고요하고 청정해지네
심경(心境)의 깊고 맑음 그지없으니
물결 그쳐 잔잔한 호수 같으리

뛰어난 근기(根機)는
지혜로운 분을 대하면
단박에 불법을 깨달아 안다
혀가 입 안의 국맛을 바로 알듯이

어리석은 자는 그러나
지혜로운 분 곁에서 한 평생을 보내도
조금도 불법을 깨닫지 못한다
국자가 국솥 안에서도 그 맛을 모르듯이

부끄러워할 것도 아닌데 부끄러워하고
오히려 부끄러워해야 할 일을
부끄러워하지 않는 자들은
그 그릇된 견해와 신념에 사로잡혀
결국 삼악도(三惡道)[25]에 떨어지고 만다

두려워할 필요가 없는 것을 두려워하고
정작 두려워해야 할 것은 두려워하지 않는
이 전도(顚倒)된 지견과 소신에 사로잡힌 자들은
끝내 미천한 윤회의 세계에 떨어질 뿐이다

금지되지 않은 것을 금지되었다 여기고
진정으로 금해야 할 것은 금하지 않는 자들은
이같은 삿된 소견[26]에 사로잡혀서
낮고 고통스런 세계에 떨어질 뿐이다

금해야 할 것을 금할 줄 알고
금지되지 않은 것에 묶이지 않는,
이와 같은 바른 견해를 가진 이들은
죽어도 좋은 세계에 들어가리라

어리석은 자여, 그 머리의 행색이 다 무엇이냐
그럴듯한 사슴가죽옷 둘렀음에도
네 속은 번뇌의 밀림 같으니
겉으로만 그럴듯하게 꾸몄을 따름이네

누군가가 단지 바라문[27]인 부모에게서
태어났다 해서
여래는 그를 바라문이라 하지 않으리,
만일 교만과 부(富)에 대한 집착 끊지 못한 자라면.
비록 가난할지라도
모든 애착을 놓아버린 사람
그를 여래는 진정한 바라문이라 하노라

머리의 행색이나 가문의 혈통으로
바라문이 되는 것이 아니다
진리를 깨달아 청정(淸淨)에 이른 수행자
그야말로 진정한 바라문인 것

낡고 초라한 누더기를 걸치고
여윈 몸에 핏줄이 앙상하게 드러나 보여도
산중에서 고요히 홀로 선정을 닦는 수행자
그를 여래는 진정한 바라문이라 하노라

나체주의로도, 산발한 머리로도,
진흙을 몸에 바르는 것으로도, 금식으로도,
날바닥에서 자는 것으로도,
얼굴에 먼지를 뒤집어쓰는 것으로도,
또한 장좌불와(長坐不臥)로도 할 수 없나니
미혹을 끊지 못한 자, 남의 마음을 씻어줄 수 없다

어리석은 외도(外道)의 고행자(苦行者)가
풀 끝에 찍은 만큼의 음식만으로
몇 달을 연명한다 해도
불자가 불법에 대해 잠깐이라도
생각하는 것에 비하면
그 공덕은 16분의 1에도 미치지 못한다

희생물을 잡아 신에게 바치며 공덕(功德)을 기다려
크고 작은 제사를 일 년 내내 올린다 해도
불제자(佛弟子)에게 한 번 올리는 예경(禮敬)에 비하면
그 공덕, 4분의 1에도 미치지 못한다

한 달에 한 번씩
백년 동안
신에게 제사를 지내기보다
일심으로 정념(正念)[28] 수행하는 비구(比丘)를 찾아가
잠깐 동안이라도 깊이 예경한다면
그 공덕이 한결 수승(殊勝)하리라

백 년을 두고
숲속에서
불의 신을 숭배한다 해도
한 순간이라도 정념을 닦는 비구를 찾아가
진심으로 예경하는 공덕에
미치지 못하리

88 •

이 세상에 부처님 나시는 것 참으로 경하(慶賀)할 일
정각을 성취하신 분이 바른 법 펴시는 것과
승가의 화합도 또한 진정 경하할 일
재가신도들이 삼보에 귀의하는 것 역시
실로 경하할 일

셋째門

因果

바른 삶

어떤 이는 죽어서 다시 모태(母胎)에 들고
악인은 고통뿐인 지옥으로 들어가며
착한 이는 복락(福樂) 많은 천국에 들고
삼계에 대한 갈애(渴愛)에서 벗어난 자 열반에 든다

아름다운 꽃이 두루 널린 곳에서
멋진 꽃다발을 만들 수 있네
우리가 사람으로 태어난 소중한 이 생에
온갖 가지 착한 업을 쌓아야 하리

분노는 자비심(慈悲心)으로 녹이라
악은 선으로써 이기며
베푸는 것으로 인색함을 떨치라
정법(正法)으로 삿됨을 제압하라

스스로 죄를 짓고
스스로 괴로워한다
스스로 죄업을 벗고
스스로 청정해진다
청정함과 죄업에 물드는 것은
오직 자기에게 달린 것
누가 누구의 죄를 사(赦)하여 준단 말인가

쇠붙이에서 생긴 녹이
쇠를 먹듯이
허물은 그것을 짓는 자에게서 일어나
도리어 그 짓는 자를 좀먹어든다

내가 지은 것은
다 도로 내가 거두느니
내 악행은 되돌아와 내 복덕을 부순다
마치 다이아몬드가 다른 보석을 깎듯

바로 나에게서 일어난 극악한 행이
원수가 바라는 바대로 나를 죽인다
제 발 밑에서 자라난 덩굴풀에 감기어
거목이 마침내 꼼짝없이 말라 죽듯이

이 원수가 내게 이렇게 하고
저 나쁜 자들이 우리에게 저렇게 하고……
그렇지만 보라,
탐진치(貪嗔癡)에 사로잡힌 나의 마음이
내게 끼친 해악(害惡)보다 더한 것인가

부모가 내게 주는 것이 얼마라 해도
친척이 베푸는 것이 얼마라 해도
진리와 선(善)을 향한 나의 마음이
내게 불러오는 이익보다 못한 것이다

98 •

농사꾼이 물길을 내어 물을 끌어 대고
화살 만드는 장인이 화살을 곧게 하며
목수가 나무를 다듬듯이
선한 이는 자기를 지혜롭게 다룬다

자신의 입을 단속하라, 마음을 다잡으라,
몸으로도 악행을 저지르지 말라.
이 세 가지의 움직임을 살펴 지키는 이는
현인(賢人)들이 가르친 도에 나아가리라

몸의 행동으로 드러나는 화를 경계하라
몸을 간수(看守)하라
몸으로 짓는 죄업을 떨치고
그대의 몸으로 선행을 닦으라

혀끝에서 나오는 화를 다스리라
입을 단속(團束)하라
말로 짓는 죄업을 떨치고
그대의 입으로 선업을 쌓으라

마음속에 일어나는 화를 살피라
마음을 다잡으라
감정, 생각, 의지로 짓는 죄업을 떨치고
그대의 마음으로 청정한 덕(德)을 쌓으라

몸을 간수하는 지혜로운 이
입을 단속하는 지혜로운 이
마음을 다잡는 지혜로운 이는
스스로를 진정 잘 보호하는 것이다

몸으로도, 입으로도,
마음으로도
모든 악을 끊고, 새로 짓지 않는 수행자
여래는 그 사람을 진정한 바라문이라 하노라

어리석게 자신만의 행복을 구하기에 급급하여
다른 이에게 고통을 안기는 사람은
자초한 원한의 사슬에 묶여
내내 그 핍박에서 벗어나지 못하리

자신은 행복을 찾으면서
행복을 원하는 다른 존재에게 불행을 끼친다면
죽은 다음에도
그 자신의 행복을 찾지 못하리

자신의 행복을 찾는 길에서
다른 이의 행복을 깨뜨리지 않는 사람은
언젠가
반드시 행복을 찾게 되리라

뒤에 가면
후회뿐이요
누군가의 눈물을 불러올 짓이라면
어찌 착하다, 옳다 할 수 있으랴

시간이 지나 돌이켜보아도
후회가 없고
내내 보람이 되고 기쁨을 불러온다면
이 어찌 착한 일이 아니겠는가

세상은 살아가기 쉬우리라
부끄러운 줄 모르고 제 잘난 맛에 취하여 살며
내키는 대로 악행을 일삼고
아무에게나 무례하고 야비한 자에게는

그러나, 겸허하고
명리(名利)를 떠나 늘 순수함을 추구하며
고요하고, 허물을 여의었으며, 양식있는 사람에게
세상살이란 결코 쉬운 일이 아니다

악행은 자타(自他)에게 고통을 야기하나
저지르기 쉽고,
선행은 모두에게 이익을 가져오건만
애써 행하기가 어려운 법이다

선한 일을 행한 사람도
그 결실이 나타나기 전에는
고초를 겪을 수도 있는 것
그러나 인연이 익어 때가 도래하면
마침내 큰 이익과 기쁨을 얻으리라

악의 씨앗을 심은 자라도
악행의 열매가 채 익기 전에는
즐거움을 누릴 수 있다
그러나 때가 오면
그 과보(果報) 피할 길이 없다

악업을 저지른 끝에
당장 나타나지 않는 업보(業報)란
갓 짜낸 우유가 한때 신선한 것과 같을 뿐,
잿속에 묻혀 있는 불씨처럼
그것은 어리석은 자를 따라오며
때가 되길 기다린다

악행의 열매가 무르익기 전에는
어리석은 자들은 그것을 꿀맛으로 여긴다
그러나 반드시 결실의 시간은 닥쳐오느니
그 쓰라림은 어김없이 그의 것이다

117 •

나쁜 일은 절대로 하지 말고 지나가거라
그렇지 않으면 반드시 후회가 따르리라
해야 할 일이면 기필코 하는 것이 좋으리라
세월 가도 뉘우침이 없으리로다

착한 일에 주저하지 말고 전력을 다하여
마음이 악의 쾌락에 끌려가지 않게 하라
선업을 쌓는 데 게으르다 보면
마음은 악의 유혹에 이끌리기 쉽다

자신이 착한 일을 했다고 느껴지거든
그 선행을 지속하고 되풀이하라
선행의 순간 속에 깃든 기쁨을 누려라
훗날 그것의 결실 또한 더 큰 기쁨이리라

악을 여읠 때엔 단호하여 주춤거리지 말아라
소수의 행상이 많은 금은보화를 나를 적에
위험한 길을 주저없이 피하듯이
또, 목숨을 구하려는 사람이 급히 독을 제거하듯이

이미 악행을 저질렀음을 알았을 때는
두 번 다시 되풀이되지 않게 하여라
악행 속의 쾌락을 탐하지 말라
그것이 장차 불러올 크나큰 괴로움을
뚜렷이 직시하라

마땅히 해야 할 일은 등한히 하면서
도리어 해서는 안 될 일을 일삼고
무절제하고 사려깊지 못한 사람에게는
생사의 목마름만 갈수록 치성하리

반면, 예리한 경각심으로
늘 자신을 돌이켜 살펴
해서는 안 될 일에 끌려들지 않고
마땅히 해야 할 일은 굳은 의지로 실천하는
지혜로우며 각성된 사람에게는
마침내 갈애가 다하느니라

사소한 악행도 가벼이 여기지 말아라
심각하지 않은 허물이 무슨 죄가 될까
생각지 말아라
한 방울 한 방울 떨어진 물이
마침내 큰 장독을 채우나니
대수롭지 않게 저지른 허물이 모여
벗기 어려운 큰 죄업이 된다

작은 선행도 게을리하지 말아라
이런 하찮은 일이 무슨 공덕이 될까 여기지 말아라
한 방울 한 방울 떨어진 물이
마침내 큰 장독을 채우나니
조금씩 쌓은 공덕이 모여
지혜로운 이의 크고 원만한 복덕(福德)이 된다

어리석은 사람에게는
자기 자신이 도리어 원수
생각없이 함부로 저지른 악행이
자신에게 가혹한 결과만 불러오나니

어리석은 자는 악을 저지를 때도
그것이 악업임을 알지 못한다
그러나 그가 하는 짓이란
스스로 제 몸을 불에 태우는 것과 다를 바 없네

128 •

어리석은 자가 가진
지식이나 재주는 도리어 재앙
그는 자신의 재주나 능력으로써
스스로 제 복과 지혜를 덜어내느니

살아있는 동안에도
죽은 뒤에 다시 태어난 세상에서도
악한 업 지은 이는 슬퍼하고 근심하네
자신의 악업 되돌아보며 후회하며 괴로워하네

살아있는 동안에도
죽은 뒤 이른 세상에서도
바른 업 닦은 이는 기뻐하고 즐거워하네
자신의 선업을 돌이켜보며 거듭 거듭 행복해하네

현세(現世)에도 괴로워하고
내세(來世)에도 괴로워하고
악한 업 지은 이는 두 곳에서 고통을 받는다
'몹쓸 짓을 했구나' 후회하고,
악도에 떨어져 괴로워한다

현세에도 즐거워하고
내세에도 즐거워하고
복업을 닦은 이는 두 곳에서 기뻐한다
'착한 일을 했구나' 기뻐하고,
좋은 데 나서 행복해한다

상처 없는 손으로는 독약도 만질 수 있다
상처가 없다면 해독을 입을 까닭 없으니
악업을 짓지 않는 사람에게는
어디에 있어도 괴로운 과보가 없다

하늘에도 없고 바다 속에도 없고
깊은 산속 동굴 속에도 역시 없구나
닥쳐오는 악업의 과보를 피할 수 있는 곳이란
삼계 가운데 그 어디에도 있지 않도다

135 •

깨달을지어다, 중생들이여
무절제한 자들이 처하는 모진 고통을.
탐욕과 악이 그대를
기나긴 아픔 속으로 끌고 가지 않게 하라

신심이 깊고, 덕망이 높고
복이 있는 사람은
어디를 가나 그를 따라오네,
만인의 존경이…….

어진 이들은 멀리서도 눈부시게 드러나리라
만년설을 이고 일어선 히말라야의 영봉들처럼
반면 저속한 무리들은
그 존재가 어둠에 가려지리라
마치 깜깜한 밤에 쏜 화살 같으리

거짓말을 하지 말라
화에 사로잡히지 말라
가난한 이들과 너의 것을 나누라
이 세 계단을 오르면 천상의 신이 되리라

바라문으로서, 자신의 마음속에서
욕락(慾樂)을 끊는 것은 큰 공덕이 있네
남을 해치려는 마음이 비워진다면
일체의 괴로움 또한 사라지리라

살아있는 것들은 다 폭력 앞에서 떨고
죽기를 두려워한다
잠시라도 당하는 자의 처지에 설 수 있다면
어찌 생명을 해치거나 죽일 수 있으랴

생명 있는 것들은 다 제 몸을 지키려 하고
제 목숨을 무엇보다 아낀다
그대 자신도 그렇거니와
어찌 살아있는 목숨을 빼앗을 수 있는가

다른 이들의 허물을 들추지 않고,
큰 생명이든 미물이든 스스로도 해치지 않고
해치게 하는 원인도 되지 않는 사람
그를 일러 진정한 바라문이라 하리

143 •

이런 사람이 진정한 바라문이다
자기 것이 아니면 취할 마음이 없는 사람
큰 것이든 작은 것이든,
좋은 것이든 하찮은 것이든

살아있는 생명을 해치고
함부로 거짓말을 하고
남의 것을 훔치거나 빼앗고
배우자 아닌 사람과 간음하는 자

또, 술이나
정신을 흐리게 하는 다른 것에 빠져드는 사람은
이미 자신이 살아있는 이 세상에서
스스로의 뿌리를 파내고 있는 것

방탕하여 남의 배우자와 간음하는 사람은
다음 네 가지를 피할 수 없다
불명예, 불면증
비난이나 형벌, 지옥행

명예를 잃고, 타락하고,
두려움에 떨며 느끼는 순간의 쾌락이
무서운 형벌을 불러오느니
다른 사람의 배우자를 생각하지도 말라

남의 허물은 얼른 눈에 띄지만
자신의 허물은 드러내기 어려워라
사람들은 남들의 허물은 겨처럼 까불어대고
자신의 허물은 도박꾼이 나쁜 패를 감추듯 하네

타인의 허물을 보지 말라
선하다 악하다 판단하지도 말라
오로지 나 자신의 행동을 살펴
선한지 악한지를 분명하게 판단하라

늘 다른 사람 허물을 찾고
줄곧 언짢은 마음에 사로잡혀 있으면
자기 자신의 탐욕이 자라나리니
무욕의 청정심에서 멀어질 뿐이다

나쁜 말을 하지 말라
험한 말은 필경에 나에게로 돌아오는 것
악담(惡談)은 돌고 돌아 고통을 몰고
끝내는 나에게 되돌아오네

152 • 153

한번 악한 짓을 저지른 사람이
그 악행을 숨기려 거짓말을 하고
다음 생조차 두려워할 줄 모르면
그는 이제 어떤 악행도 서슴지 않게 된다

거짓으로 남을 모함하는 자 지옥에 떨어진다
제 악행 덮으려고 거짓말하는 자도
지옥으로 들어간다
그 두 부류의 사람들, 다시 인간으로 태어나서도
여전히 그 행실이 사악하리라

현명한 이라면
그대 자신에게서 때를 벗겨내라
은세공이 은의 때를 닦아내듯이
차근차근, 조금씩 조금씩, 시시때때로

155 •

자신을 위해서도 남을 위해서도
자손도 부(富)도 권력도 바라지 않으며
올바르지 않은 방법으로 성공하기도
원치 않는 사람
그를 일러 지혜를 갖춘 의인(義人)이라 한다

이런 사람을 진정한 바라문이라 하리라
분노와 증오와, 자만과 시기심이
바늘 끝에 떨어진 겨자씨처럼
달라붙지 못하는 그런 사람을

157 •

이런 사람이 진정한 바라문이다
항상 법다운 말로써 사람들을 가르치고
언제나 따뜻한 마음,
남을 까닭 없이 불편하게 하지 않는 그런 사람이

내 그를 진정한 바라문이라 하리라
막된 사람들에게조차 일관되게 자비롭고
자신을 모함하는 사람에게도 모르는 척 관대하며
탐욕의 무리 속에서도 물듦 없이
무욕으로 지내는 이를

누구도 바라문을 해쳐서는 안 된다
그렇다고 바라문을 해친 자에게
보복해서도 안 된다
바라문을 해친 자에겐 재앙이 이를 것이요
그것을 되갚는 것 역시 화가 따른다

덕 높고 청정한 분이나
해를 끼쳐서는 안 될 사람을
해치거나 다치게 하면
다음 열 가지 중 하나의 과보를 피할 수 없다

견딜 수 없이 극심한 고통,
가진 것을 다 잃어버림,
몸을 크게 다침,
불치의 악질에 걸림,

정신병,
나라의 형벌을 받음,
고소당하고 감옥에 갇힘,
가족을 잃음,

자연재해를 당함,
집이 벼락에 맞아 불탐.
게다가 그 악인은 죽어서
지옥에 떨어져 천신만고에 시달리리라

청정하고 어진 이를 해치려 하면
그 해악은 고스란히 자신에게 돌아가리
불어오는 바람에 맞서
던져댄 흙먼지처럼

잡초는 밭을 쑥대밭으로 만들고
탐욕은 중생을 묵정밭으로 만드네
따라서 탐욕을 여읜 이에게 공양(供養) 올리면
그 복밭(福田)에서 무량한 결실이 돌아오리라

잡초는 밭을 폐허로 만들고
화는 중생을 폐허로 만드네
하여, 진심(嗔心)을 여읜 이에게 공양 올리면
그 복밭에서 무량한 소출이 돌아오리라

잡초는 밭을 불모지로 만들고
어리석음은 중생을 불모로 만드네
무명(無明)을 여읜 이에게 공양 올리면
그 복밭에서 무량한 공덕이 돌아오리라

잡초는 밭을 망치고
갈애는 중생을 망치네
갈애를 벗어난 이에게 공양 올리면
그 복밭에서 무량한 복덕이 돌아오리라

온갖 악을 벗어나고
슬픔의 강을 건넌 불타와
그의 제자들,
이처럼 공양받을 만한 분에게 공양하는 것,

이르러야 할 곳에 이르러
일체의 두려움을 초극한 이에게 공양하는
한량없는 그 공덕을
가늠할 수 있는 자 아무도 없네

간탐이 많은 자 천상에 이를 수 없다
어리석은 자들은
남의 베푸는 행조차 곱게 보지 않으나
지혜로운 사람은 남의 보시행(布施行)을 찬탄하나니
오는 세상에서도 복덕을 누리리로다

친척들과 친구들과
사랑하는 사람들이 반겨 맞는다
멀리 타향길에 나섰다가
무사히 돌아온 그리운 이를

그처럼, 이 세상 사는 동안에
착한 일 애써 행한 사람은
그가 쌓은 공덕이 저 세상에서 맞아들이리
먼 길에서 돌아온 사람을 친지들이 반기듯

기쁘게 살자, 중생들이여
이젠 우리를 미워하는 사람들도 미워하지 말고
까닭 없이 우리를 증오하는 사람들 속에서조차
미움을 깨끗이 떨치고 살자

기쁘게 살자
번민하는 무리 속에서도 번뇌에서 벗어나 살자
비록 번민하는 사람들 가운데서도
번뇌를 말끔히 씻고 지내자

기쁘게 살자
탐욕의 무리 속에서도 탐욕을 버리고 살자
탐욕스런 사람들 속에 살고 있어도
탐욕을 깨끗이 비우고 살자

우리 기쁘게 살자
그 무엇도 우리의 것이 아니라 해도
선열(禪悅)을 음식으로 하여 기쁘게 사는
저 광음천(光音天)[29]의 천신들처럼

넷째門

無常

길을 찾으라

무엇이 좋아 웃고 무엇을 기뻐하랴
삼계(三界)가 끊임없는 불길에 타고 있는데
그대 온통 어둠 속에 갇혀 있거늘
어찌하여 불빛을 찾지 않는가

세상이 어두워 암흑 같구나
눈뜬 이 참으로 적고
천상에 이르는 이도 많지 않아라
그물에 걸렸다 벗어난 새가 드문 것처럼

수없이 많은 사람들 중에
피안(彼岸)[30]에 이르는 이 참으로 귀하도다
거의 모두가 갈팡질팡 헤매다가
도로 생사의 고해(苦海)에 빠져드노니

그럴싸한 옷차림에 감추인 이 몸뚱이를 보아라
피고름 뭉치, 뼛조각으로 얽어놓은 질병의 자루
부질없는 쾌락을 좇는 번뇌 주머니
허약하기 짝이 없고 덧없기 그지없네

세월 따라 이 몸은 늙어만 간다
병고로 가득 차 사위어간다
썩어가고 썩어가다 마디마디 흩어지리
태어난 모든 것들 그 끝은 죽음이다

183 •

뼈다귀 주워다가 성곽을 쌓고
피와 살을 채운 성 안에
늙음과 죽음
아만(我慢)과 무지(無知)가 살고 있구나

여기, 허연 뼈다귀가 버려져 있다
가을 들녘에 흉물스레 뒹구는 박덩이처럼
이 메마른 뼈다귀들에
무슨 쾌락이 남아있는가

목동이 채찍을 휘두르면서
소떼를 목장 안으로 몰아들이듯
늙음과 죽음은 쉬지 않고 독촉하여
마지막 날을 향해 산 자들을 몰고 가누나

머지않아 이 몸뚱이 흙 위에 뒹굴리라
의식은 기약 없이 떠나버리고
오호라, 덧없는 육신이여
썩은 나무토막보다 나을 것이 없으리

187 •

천국에도 없고 해저(海底)에도 없고
심산유곡 동굴 속에도 또한 없구나
다가오는 죽음을 피할 수 있는 곳이란
삼계(三界) 안 그 어디에도 정녕 없어라

그대는 이제 시들어가는 잎새
염라왕의 사자가 가까이 와 있구나
그대 이제 떠나는 길목에 서 있건만
죽음의 여행길에 쓸 노자마저 없네

목숨의 끝이 다가왔는데
죽음이 임박했는데
그대 가는 길엔 쉼터도 없고
그대 손엔 노자마저 없구나

장마철은 여기서 나고
여름엔 저기서, 겨울엔 거기서……
어리석은 자 온갖 계획 끝이 없지만
어김없이 닥쳐올 자신의 죽음에 대해선
정작 아무런 생각이 없네

자식이나 가축 따위에만 마음이 팔려
애착에 사로잡힌 어리석은 사람에게
죽음은 순식간에 덮쳐오리라
모두가 잠든 마을을 휩쓸어가는 홍수처럼

아름다운 꽃 자태에 넋을 잃은 사람인 양
우리가 헛된 쾌락에 젖어 정신을 놓은 사이
죽음은 불현듯 닥쳐 목숨을 앗아가네
모두가 잠든 마을을 휩쓸어가는 홍수처럼

193 •

어여쁜 꽃에 마음을 온통 빼앗기듯
부질없는 쾌락에 빠져있는 동안에
죽음은 때 없이 와서 목숨을 거둬간다
쾌락을 다 채우도록 기다려주지 않는다

낚아 올려져
땅 위에서 숨막혀 파닥거리는 물고기처럼
마음은 버둥거리며 몸부림치리
꼼짝없이 마(魔)의 그물에 걸려들고 나면

자식도 어쩔 수 없고
부모도, 다른 친척도 어찌할 수 없네
어떤 친지도 속수무책
한번 죽음에 붙들린 사람은 구할 수가 없다

196 •

그러니, 어질고 지혜 있는 사람이라면
스스로 계율을 잘 지키며 살고
게으름 떨치고 용맹심으로 닦아야 하리
생사를 뛰어넘어 열반으로 가는 저 고귀한 길을

정욕보다 더 무서운 불길은 없다
증오보다 표독스런 상어는 없다
무명보다 더 깊은 함정이 없으며
탐욕보다 사나운 급류는 없다

198 •

화를 떠나라, 아만(我慢)을 버려라
모든 속박을 끊으라
헛된 명상(名相)과 소유에 집착 없는 이에게
고난은 결코 닥치지 않으리라

• 199

중생의 쾌락은 자칫 넘치기 쉽고 지나치기 쉬워라
이미 쾌락에 빠져 있으면서, 더한 쾌락을 추구하네
이것이
거듭되는 태어남과 죽음의 원인인 것을

비 온 뒤 무성해지는 비라나풀같은
불타는 갈애(渴愛)에 굴복당하면
산 채로 온통 독에 뒤덮여
걷잡을 수 없는 고통에 휩싸이리라

갈애는 서른여섯 갈래의 길[31]로
여울져 흘러
그 물살은
거기를 벗어나지 않는 사람을 휩쓸어가네

갈애의 노예가 되면
그 흐름 따라 낮은 세계로 떨어지리
거미가 거미줄 타고 아래로 내려오듯
지혜로운 이는 그것을 끊고 한번 떠나가면
집착을 벗고 애착 여의어
이 세상에 다시 돌아오지 않네

정념(正念)이 없는 사람
그 욕망은 등나무 덩굴처럼 어지러이 이리저리
숲속에서 열매를 찾는 원숭이처럼
이 생에서 저 생으로 바쁘게 오락가락

204 •

갈애는 육근(六根)을 통해 움터 나오고
그 덩굴 육경(六境)을 타고 뻗어가느니
그대 갈애의 덩굴 자라나는 것을 보거든
반야의 칼로 그 뿌리 캐어낼지라

갈애에 사로잡힌 중생이여
그대 덫에 걸린 토끼처럼 버둥대고 있구나
벗어나기 힘든 족쇄에 묶여
한량없는 괴로움을 받고 또 받네

갈애에 사로잡힌 중생이여
덫에 걸린 토끼처럼 버둥대고 있구나
수행자여, 무욕(無慾)을 겨냥하여, 사력을 다해
갈애를 말끔히 비워버려라

지혜로운 이들은 쇠사슬이나 차꼬나 포승을
강한 속박이라 여기지 않네
보석이나 패물 따위, 처자식에 대한 집착이
참으로 강한 속박이므로

그런 속박은 사람을 낮은 세계로 끌어내리고
벗기가 못내 어려우니 강하다고 하는 것이다
그러나, 누군가 마침내 이 속박을 끊고 한번 떠나면
집착을 벗고 갈애를 떨쳐
다시 이 세상에 오지 않으리

• 209

여래는 대중에게 설하노라
그대들, 갈애의 뿌리를 캐어내라고
물가의 비라나풀 뿌리를 캐어낸 뒤에
거기서 달콤한 우시라향을 얻는 것처럼
그리하면, 더는 홍수에 휩쓸리는 강가의 갈대같이
마(魔)에 휘말려 쓰러지는 일 없으리라

법에 대한 의혹(疑惑)으로 마음이 흔들리고
욕정이 넘쳐 쾌락만을 추구하는 사람은
갈애가 더욱 자라나리니
더 벗기 어려운 속박에 매여들리라

반면, 의혹이 그쳐가는 것을 기뻐하며
항상 깨어서 살펴
욕정의 부정함을 알아차리는 사람은
반드시 마의 속박을 끊고 벗어나리라

보라, 이 화려한 세상을
그럴싸하게 장식된 왕의 마차 같아서
어리석은 자들은 거기 끌려들지만
눈 있는 사람은 조금도 돌아보지 않는다

삼계를 물거품처럼 관(觀)하라
아지랑이처럼 세상을 보아라
그대 이와 같이 삼계를 보면
염라왕도 그대 가는 곳 보지 못하리

화려하기 그지없던 왕의 마차도 세월에 낡아가듯
산 것들의 몸뚱이 하나같이 늙어간다
불법을 수행한 힘만이 만고에 쇠퇴하지 않나니
불법만이 세월 밖에서 변함없도다

아, 이 몸뚱이 찰나의 물거품
덧없는 마음은 허망한 아지랑이
이를 깨달으면 마(魔)가 쏜 쾌락의 꽃화살 꺾어버리고
죽어도 염라왕을 만나지 않으리라

다나빨라코끼리는
어려서 사냥꾼들에게 붙잡히면
모진 고통 견디며 먹이도 먹지 않고
오직 어미 있는 숲속만을 그리워한다

작은 즐거움을 떠나야
능히 큰 즐거움을 얻는 것
지혜로운 이여, 기꺼이 작은 것을 포기하고
진정 위대한 행복을 향해 눈을 들어라

덧없는 세상 등지고 길을 찾는 지혜로운 이여
어둠 떨치고 빛을 찾아 나아가거라
집착과 갈애를 돌아보지 말아라
무욕(無慾)의 진락(眞樂)이 저기 있도다

정욕(情慾)보다 더 무서운 불길은 없다
어떤 순간에도 분노보다 치명적인 악수(惡手)는 없다
이 몸뚱이 자체보다 더 큰 고통이 없고
번뇌가 쉬는 것보다 뛰어난 행복이 없다

굶주림보다 더 큰 질병은 없고
이 육신은 그 자체가 가장 혹독한 고통
이를 여실히 깨닫는 것
이것이 열반, 위없는 복락(福樂)이어라

221 •

건강은 최상의 복(福)
만족할 줄 앎(知足)은 가장 큰 부(富)
신의(信義)는 최선의 관계
열반은 위없는 행복

싸움 끝에 패자는 처참해지며
승자는 증오와 질시 면키 어렵네
승부에 매이지 않는 사람 있다면
다툼을 멀리 떠나 편안하리라

223 •

우리 다 언젠가 이 세상 떠나가야 할 존재이거늘
그만 어느 결에 잊고 살기 마련이다
이것을 깊이 깨달아 한시도 잊지 않는다면
크고 작은 다툼 떠나 초연할 것을

일찍이 출세간(出世間)의 범행(梵行)[32]도 닦은 바 없고
젊은 날에 부지런히 쌓아둔 것 없으면
문득 세월 지나 늙어빠진 왜가리
빈 못가에 쓸쓸히 서 있는 것 같으리

일찍이 출가하여 범행도 닦지 않고
젊은 날에 애써 쌓아둔 것 없으면
머잖아 부러진 활처럼 땅 위에 누워
지난날의 회한에 한숨지으리

감관을 어지럽히는 욕망에 팔려
부도덕하게 사는 백 년보다도
하루를 살아도 바르게 살며
마음을 닦는 삶이 훨씬 나아라

감관을 어지럽히는 것들에 속아
어리석게 백 년을 사는 것보다
하루를 살아도 깨어 있으며
반야를 닦는 삶이 훨씬 나아라

오온(五蘊)[33]의 무상(無常)과 무아(無我)와 고(苦)
이 진리를 모르고 되는대로 살아가는 백 년보다도
생사의 도리를 깨닫고 사는
그 하루가 정녕 나은 것이다

생사를 벗어나는 길을 모르고
제멋대로 살아가는 백 년보다도
열반의 길을 알고 사는
그 하루가 정녕 나은 것이다

쾌락은 피안을 찾지 않는 어리석은 자를 집어삼킨다
어리석은 자는 쾌락을 좇고
그 욕망의 무게로 자기 자신을 침몰시킨다
스스로 자신의 원수가 되어

허망한 쾌락을 멀리 여의고
아무것도 가진 바 없이
지혜로운 이여, 찌든 번뇌의 얼룩을 닦아
그대의 마음을 청정케 하라

무상한 것들에서 홀로 떠나
수행하라, 반야(般若)를 닦으라
그대 허물을 벗어던지고 죄업에서 놓여나면
더는 생사의 길에 끌려들지 않으리니

덧없는 것들에서 표연히 떠나
정진하라, 지혜를 얻으라
그대의 허물 떨치고 죄업에서 놓여나면
열반의 경지에 오를 것이니

부질없는 것들에 인생을 허비하느라
수행을 등진 사람,
삶의 진정한 과녁을 외면한 채 쾌락만 좇던 사람은
세월 가면 마침내 부러워하리
도 닦는 일에 자신을 바친 이들을

235 •

과거, 현재, 미래의 것 모두 놓아 버려라
윤회의 바다 건너 피안에 올라서는 때
그대 마음 온전히 해탈하리니
두 번 다시 생사의 흐름에 들지 않으리

세상을 등지고 출가수행자가 되기는 쉽지 않아라
세상에서 즐거움을 누리며 살기도 참 어려운 일
절에서 살기도 쉽지 않고, 세간살이도 답답해라
한 절에서 대중생활하기도 고달프지만
떠돌며 탁발로 살아가는 것도 더 험한 노릇
그러니 어서 어서 생사고(生死苦)에서 벗어나거라

다섯째門

淸淨

맑은 향기

사랑하는 것에도 미워하는 것에도
마음을 두지 말라
사랑하는 것을 곁에 두지 못하는 것도 괴로움이요
미워하는 것과 같이 있는 것도 괴로움이다

238 •

그러니, 그 무엇에도 애착하지 말아라
사랑과 헤어지는 것이 얼마나 쓰라리더냐
그 어디에도 애착이 없고
그 무엇도 미워하지 않는 자
생사의 족쇄에서 벗어나리라

'오, 내 자식! 아, 내 재산!'하며
어리석은 사람들 못내 집착하지만
깨어서 보라, 이 내 몸도 정녕 내 것이 아니거늘
누가 내 자식이며 무엇이 내 재산인가

쾌락에서 슬픔이 나오고
쾌락에서 공포가 생긴다
그러므로, 쾌락에서 벗어난 이에게는
슬픔도 공포도 없으리라

애착으로부터 비탄이 일어나고
애착으로부터 두려움이 자라나느니
애착을 떨쳐버린 이에게서
비탄도 두려움도 떠나가리라

애욕이 비애를 낳고
애욕이 걱정을 불러온다
애욕을 끊어버린 이에게는
비애도 걱정도 일지 않으리

정욕의 결과는 환멸감
정욕의 소산은 근심
정욕을 정복한 이에게는
환멸감도 근심도 사라지리라

244 •

탐욕의 끝은 부끄러움
탐욕의 귀추(歸趨)는 불안
탐욕을 여읜 이에게선
부끄러움도 불안도 씻겨지리라

황금이 비처럼 쏟아져도
다 채워지는 갈애(渴愛)는 없다
욕망은 채워질 때 잠시의 쾌락뿐,
긴 고통이 따르나니
이것을 아는 것을 지혜라 하네

깨어있는 여래의 제자는
천상의 즐거움이라 해도 거들떠보지 않으리
오직
갈애의 소멸을 즐거워할 따름

• 247

언설(言說)이 끊어진 열반의 경지 향해
구도심을 발하고
주위의 모든 여건에 온전히 지족(知足)하여
마음이 탐욕에 현혹되지 않는 이를
생사의 흐름을 가로지르는 자라 부른다

엉성하게 지붕을 이면
비가 올 때 새는 것처럼
치열하게 미리 닦아두지 않은 마음은
이내 애욕(愛慾)에 젖어들리라

빈틈없이 잘 이은 지붕이라면
비가 억수같이 내린들 무슨 탈이 있으랴
치열한 수행으로 닦은 마음이
어찌 애욕에 젖어들리오

나무 밑둥을 베었다 해도
뿌리가 남아 있으면 되살아나듯
갈애의 원천이 고갈되지 않으면
생사의 고통은 되풀이된다

251 •

갈애의 밀림에서 조금 벗어났다 다시 되돌아간 자,
갈애의 밀림에서 한때 떠나갔다 되돌아간 자
보라, 그는 속박에서 잠시 풀려났다가
어리석게 다시 속박에 얽혀들고 말았구나

이성(異性)에 대한 욕망이 조금 줄었다 해도
아직 티끌만큼이라도 남아있다면
마음이 거기서 다 벗어났다고 할 수 없다
젖을 떨 땐 송아지는 도로 어미소에 매달리느니

비구여, 말리카 꽃잎이 시들어
땅에 떨어져 내리는 것처럼
그대 안의 애증 또한 그대에게서
자취없이 말끔히 떨어져나가야 하리라

자신의 애욕을 스스로 끊어 없애라
가을 백합을 뚝 꺾어 버리듯
적멸에 이르는 길을 소중히 하라
여래가 보여준 열반의 길을

255 • 256

전단향(栴檀香), 타가라향
연향(蓮香), 바시키향……
세상의 좋은 향 셀 수 없으나
계행(戒行)의 향기 있어 모든 향을 압도하누나

바람을 역류하는 향이 있더냐
전단향, 타가라향, 말리카향?
두어라, 계행의 향기 있어 바람 거슬러
이르지 않는 곳이 없지 않으냐

타가라향, 전단향이
대수가 아니다
계행의 향기는 끝없이 번져가
천상의 궁전까지 들리는 것을

연잎 위에 내린 빗방울처럼
바늘 끝에 떨어진 겨자씨처럼
일체의 더러운 욕락 달라붙지 못하는
그런 이가 진정한 바라문이다

259 •

불만족의 마음을 꺾어버리고
아예 뿌리까지 뽑아내어버린 사람은
언제나 그 마음 한가로이 쉬리라
낮이면 낮, 밤이면 밤

누군가 나를 모욕하거나 해코지하고
내 것을 빼앗거나 나를 꺾고 짓밟을 때
마음에서 증오와 앙심을 떨쳐내지 못하면
어찌 해도 원한은 풀리지 않으리라

그 누가 모욕하거나 해를 끼치고
내 것을 빼앗고 짓밟더라도
마음에서 증오와 앙심을 말끔히 떨쳐내면
원한은 자취 없이 사라지리라

어떤 원한도 보복을 통해서는
끝내 풀리지 않나니
욕된 것을 참는 것만이 원한을 그치게 하는 법
이것이 만고에 변치 않을 여래의 가르침

인욕(忍辱)이야말로 가장 높은 고행(苦行)
긴 고통도 능히 참는 것이 지고의 적멸
다른 중생을 해치는 이는 출가자(出家者)가 아니며
중생을 괴롭히는 이는 사문(沙門)이 아니다

264 •

제때에 고삐를 당겨 달리는 마차를 멈추게 하듯
분노가 일어날 때 능히 제압하여 거둘 줄 아는 사람
그를 두고 여래는 진정한 마부(馬夫)라 부르리라
공연히 고삐만 쥐고 속절없이
말에게 끌려가지 않나니

• 265

바람에 흔들리지 않는 바위 같도다
반야를 얻은 이는
남들의 찬탄에도 비방에도
동요하지 않네

나, 묵묵히
어떤 비방도 참아내리라
전장의 코끼리가 날아오는 화살을 견뎌내듯이
이 세상은 원래 이런 곳이니

길들인 코끼리만이 싸움터에서 쓸 수 있고
손색없이 길들인 코끼리가 왕을 태울 수 있다네
어떤 비방에도 의연할 만큼 자신을 잘 길들인 이여
그대, 사람 가운데 으뜸가는 대장부로다

길들인 노새도 쓸 만하고
길들인 신디의 명마도 훌륭해라
큰 어금니를 가진 코끼리도 길들이면 더욱 좋지만
자신을 잘 길들인 수행자는 비할 데가 없도다

내 그를 진정한 바라문이라 하리라
어떤 억울한 누명이나 폭력에도
꺾이지 않는 자비심으로 견디는 이를,
불굴의 군대와 같은 온유한 인욕심을 지닌 그 이를

산산이 부서져 이젠 소리 없는 징과도 같이
그 무슨 자극에도 그대의 입이 침묵한다면
그대의 내면은 이미 적멸에 이르렀나니
온갖 다툼에서 멀어져 초연하도다

여섯째 門

出家

운수(雲水)의 길

꽃의 자태도 향기도 건드리지 않고서
꿀만을 얻어가는 꿀벌을 본받으라
비구(比丘)는 이 마을 저 마을로 유행(遊行)하면서
꿀벌처럼 탁발(托鉢)로써 살아갈지니

비구여, 탁발에 의존하여 살아가라
탁발하는 법을 법답게 실천하여라
이 법을 온전하게 행하면
이 세상에서도 저 세상에서도 길이 안락하리라

비구여, 탁발로써 살아가라
비구답지 않은 생계를 꾸리지 말라
이 법을 바르게 실천하면
이 세상에서든 저 세상에서든 길이 안락하리라

세상 사람들은 자신이 믿는 만큼 공양(供養)하고
그들이 기꺼워하는 만큼 베푸느니
다른 사람들이 베푸는 것에 불평하는 비구는
낮이나 밤이나 안정된 마음으로 정진할 수 없다

자신의 복덕에 따라
얻어진 것을 소홀히 여기지 말고
다른 사람이 얻은 것을 부러워하지 말라
다른 사람을 공연히 시기하는 비구는
마음의 적정(寂靜)을 얻을 수가 없으리

276 •

얻은 것이 적어도
그것을 소홀히 하지 않는 비구를
천상의 신들도 찬탄하리라
조촐하고 게으름 없는 그 스님다움을

높은 수행자는 아무것도 모으지 않는다
탁발로 살아가도 그 공성(空性)을 꿰뚫어보네
열반이란 비어있음이요, 자취가 없는 것
해탈자(解脫者)의 행로(行路)여,
허공을 나는 새가 날갯짓의 자국을 남기지 않듯
그 가는 길에도 자취가 없네

모든 번뇌로부터 벗어난 수행자는
먹고 입는 것에 탐착하지 않는다
열반이란 비어있음이요, 자취가 없는 것
해탈자의 행로여,
허공을 나는 새가 날갯짓의 자국을 남기지 않듯
그 가는 길에도 자취가 없네

279 •

오직 정념수행(正念修行)에 몰두하는 수행자는
머무는 곳에 아무런 집착이 없다
살던 연못을 훌훌 떠나는 백조가 남은 미련이 없듯
인연(因緣) 다한 거처를 훌쩍 떠난다

승속(僧俗)에 초연하여
사는 곳에 매이지 않으며
지극히 적은 것으로도 만족할 줄 아는 수행자
그를 진정한 바라문이라 하리라

세상의 어떤 것에 대해서도 욕망을 일으키지 않고
집을 떠나 소요하며
일체의 목마름을 잊어버린
이런 사람이 진정한 바라문이다

세상 그 무엇에도 갈망을 일으키지 않고
집을 떠나 소요하며
일체의 그리움을 지워버린
그런 사람이 진정한 바라문이다

세속의 즐거움은 찾아볼 수 없어도
산중이야말로 오히려 참으로 즐거운 곳
그러나 그 진실한 즐거움은
갈애(渴愛)에서 자유로운 수행자만의 것

284 •

악도에 떨어진 중생들은 인간들을 부러워하고
인간들은 천상의 신들을 부러워하며
천상의 신들은
숲속의 수행자를 부러워하네

원리(遠離)와 적정(寂靜)의 묘미를 아는 사람은
두려움을 떨치고
죄업에서 벗어나리
법의 감로(甘露)를 마시리라

한가하고 고요한 곳에 머물며
마음을 맑게 가라앉혀
바른 진리를 여실히 깨달은 비구는
세상에 없는 기쁨이 그의 것이다

어디 있어도 변함없이
홀로 좌정하고 홀로 자고……
결국, 자아를 굴복시키는 사람은
스스로 갈애가 소멸되는 즐거움을 누리리라
숲속의 수행자와 다를 바가 없으리

비록 세상 사람의 옷을 걸쳤어도
마음이 고요하여 번뇌가 없고
감관을 다스려 도를 깨닫고 온갖 애증을 여의었다면
그는 실로 바라문이며 사문이며 비구이니라

죄업을 떨쳤기에 바라문이라,
고요한 나그네기에 사문이라 하며
스스로 속됨을 벗어났기에
비로소 출가자(出家者)[34]라 이름하느니

삭발(削髮)만으로 출가수행자가 되는 것 아니라네
계행이 없고 말이 진실되지 않으며
탐욕과 시기심이 가득하다면
누가 그를 출가한 사문이라 하랴

크고 작은 모든 허물
떨치었다면
그가 진정 출가한 사문이니라
세상 모든 악을 잠재웠으니

그저 탁발로 살아간다고
비구라 이를 수 없나니
법을 받은 사람을 비구라 하는 것
뜻없이 걸식(乞食)으로 음식 따위를 비는 것이 아니다

현상계의 선과 악을 초월하여
범행(梵行)을 갖추고
지혜로써 세상을 지나는 나그네
그를 진정 비구라 하네

294 • 295

마음에 묻은 때 떨치지 못한 채로
욕망에 쫓기어 마음이 어지럽고
스스로 자기를 다스리지 못하면
가사를 걸쳐도 감당할 수 없다

마음의 때를 다 씻어버리고
뜻을 맑고 고요히 가라앉히며
자신의 마음을 조복(調伏)받아 잘 길들인 수행자
그야말로 가사 속에서 빛나는 사람

눈으로 보는 것을 삼가는 것이 좋다
귀로 듣는 것,
코로 냄새맡는 것,
혀로 맛보는 것,

몸으로 느끼는 것을 삼가는 것이 좋다
말을 삼가는 것,
마음을 삼가는 것은 훌륭한 일이다
자신의 모든 것을 다스리는 것은 진정 뛰어난 일이다
이 모든 것을 다스리는 비구는
모든 고통에서 벗어나리라

298 •

손을 조심하고 발을 조심하고
말을 삼가고 자기를 온전히 다스려
내면을 살피는 것을 즐거워하고
마음이 안정되어 홀로 지족하는 이를 비구라 한다

여래의 법에 항상 머물러 그 안에서 기쁨을 얻고
불법에 대하여 명상하고
불법을 따르는 비구는
결코 참된 진리에서 멀어질 수 없다

300 •

욕망의 밀림에서 모든 나무를 남김없이 제거하라
한두 그루 베어 넘기는 것으로 그치지 말지니
비구여, 그 밀림에서 두려움이 일지 않더냐
욕망을 자취 없이 근절하여 두려움에서 벗어나라

오, 비구여, 그대가 탄 배를 비울지니라
애증을 비워버린 빈 배는 가벼워
물결 위를 미끄러지듯 나아가리니
잠깐 사이에 그대를 열반의 저 언덕에 데려가리라

먼저 다섯 가지 얽매임[35]을 벗어나고

다시, 다섯 가지 더 강한 얽매임[36]을 끊어라

다섯 가지 힘[37]을 일으켜라

그리하여 비구여,

마침내 다섯 가지 덮개[38]를 뚫고 나가면

진정 생사의 흐름을 건넜다 하리

지혜로운 초발심수행자(初發心修行者)가 해야 할 일:
언제나 감관(感官)을 살펴 지킬 것,
있는 것으로 만족할 것, 계율을 청정하게 지닐 것,
맑고 늘 정진하는 도반을 가까이 할 것,

항상 자비로울 것,
자신의 본분사(本分事)에 충실할 것
이것을 실천해가면 늘 기쁨이 따르는 가운데
마침내 괴로움의 끝에 당도하리라

몸가짐과 말씨와 마음씀,
이 삼업(三業)[39]이 차분해져 들뜨지 않고
온갖 세속적 유혹을 떨쳐버린 비구는
진실한 적정(寂靜)을 안다 하리라

• 306

온갖 것에 두루 자비를 실천하고
여래의 가르침 가운데서 삼매를 얻은 제자는
적멸, 갈애의 소멸,
지복(至福)을 맛보네

307 •

말하는 것을 온전히 통어(統御)하여
차분하며 지혜가 넘치고
법의 의미를 깨달아 막힘없이 설하는
비구의 설법은 감로처럼 가슴을 적시리라

여기 갈래길이 있다
하나는 세속의 명리(名利)를 따르는 길
다른 하나는 열반을 향해 열려 있는 길
여래의 제자여, 이 갈림길에서 깨어 있으라
세속의 것들에 미혹되지 말고
오롯이 외길로 나아가
집착을 씻은 듯이 여의어 대열반을 성취하라

309 •

마땅히 해야 할 일을 알았거든
온 마음으로 그 본분사에 투신하여라
비록 수행자가 되었어도 방일하면
번뇌의 먼지가 더 어지럽게 날리느니라

출가수행자가 되어서도 어리석은 자들은
허명(虛名)이나 윗자리를 탐내고
승단(僧團) 안에서조차 권력을 좇으며
남에게서 주제넘게 돈이나 먹을 것을 바란다

수행자들이나 신도(信徒)에게
내가 이 일을 했노라 자랑하고
무슨 일에나 남들이 자신을 따라야 한다 생각하니
어리석은 자여,
그대 안을 보라
아만(我慢)과 탐욕만이 자라고 있구나

억새잎을 잘못 쥐면
손을 베이듯
중노릇도 제대로 하지 못하면
지옥으로 끌려가리

가사를 걸치고도
처신을 곧게 하지 않고 언행을 함부로 하여
그러한 자신의 악행으로
지옥에 떨어지는 사람이 많다

행실을 거두지 않아
계(戒)를 파(破)하고
승단의 율의(律儀)를 어지럽히는
이러한 중노릇엔 결실이 없으리

315 •

비구여, 차라리
불에 달군 쇳덩이를 삼키라
계행이 없이 삼업(三業)을 다스리지 못한 채
신심 있는 신도의 공양을 받기보다는

비구여, 참선에 매진하라, 함부로 지내지 말라
결코 그대 마음을 쾌락에 빼앗기지 말라
훗날에 불에 달군 쇳덩이를 삼키며
지옥의 불길 속에서 괴로워 울부짖지 않도록

317 •

나쁜 사람과 사귀지 말라
저속한 무리와 어울리지 말라
착한 벗과 진실하게 사귀며
지혜로운 분을 가까이 섬기라

그대가 모시는 분이 아무리 훌륭한 사람이라도
그를 위하느라 자신의 본분사를 잊지 말아라
그대 무엇이 그대의 본분인지 깨달았으니
언제나 그저 그 일에 최선을 다하라

구도(求道)의 길에서, 나보다 뛰어나거나
비슷한 수준의 도반(道伴)을 만나지 못하거든
차라리 굳은 의지로 혼자서 가라
되는대로 어리석은 자와 짝하지 말라

현명하고 깨어있는 마음으로 살아가는
신실한 도반을 만났거든
기쁘게 그와 더불어 나아가
함께 생사의 고통을 벗어나거라

그러나 만일, 그런 어진 도반을 만나지 못했다면
정복한 나라를 남기고 떠나는 왕과도 같이
숲속을 홀로 노니는 코끼리처럼
가볍고 당당하게 혼자서 가라

322 •

차라리 혼자서 가라
어리석은 자와의 동행을 꿈꾸지 말라
죄업을 벗고 집착을 떠나
숲속의 코끼리처럼 혼자서 가라

어리석은 자와 같이 가는 길은
길고 긴 고생길
적과의 동행처럼
순간순간 고달파라
반면, 지혜로운 분을 따라가는 길은
얼마나 기쁜가, 어진 친척을 만난 듯해라

성인을 친견(親見)하는 일 이 얼마나 복된 일이냐
그 곁에 있으면 가슴 가득 기쁨이 샘솟아나리
온갖 어리석은 무리를 멀리 떠나와
진실로 진실로 행복하여라

그러므로 따르라
어질고, 지혜롭고, 배움이 깊고, 너그럽고,
거룩한 분을
달이 별의 행로를 따르는 것처럼

내 허물을 가려 경책해주는
현인(賢人)을 믿고 따르라
그는 보물이 묻힌 땅으로
가난한 나를 이끌어주는 은인
현인을 따라가면
걸음걸음이 나아가는 향상(向上)의 길,
헛걸음이 없다

327 •

덕 높은 웃어른을
항상 공경심으로 모실 때
늘어나는 공덕 네 가지:
수명, 미모, 행복, 건강

일곱째門

精進

나아감

있느냐, 이 세상에 이런 사람이
자신의 모습을 보고 부끄러움을 알아
스스로 경책하여 나아가는 사람이
채찍질이 필요 없는 명마(名馬)와 같은

있느냐,
채찍의 그림자만 보고도 질주하는 명마와 같이
생사윤회의 고통을 보자마자
신심과 계행(戒行)과 정진력(精進力)이 돈발(頓發)하고
정념과 택법(擇法)의 지혜를 견지하여
단숨에 생사의 고통을 떨치고 나가
다시는 퇴타(退墮)하지 않을 목적지를 밟는 장부가

부정한 이 몸뚱이 깨끗하고 좋은 것이라 잘못 알고
육근(六根)을 거두지 않고 되는대로 방종하며
먹고 마시는 것을 절제하지도 않을 뿐 아니라
나태하고 나약하여 용맹심(勇猛心)이 없으면
머잖아 삿된 마에 꺾이기 쉬우니라
마치 연약한 초목이 폭풍에 쓰러지듯

이 몸뚱이 잘 살펴 그 부정함을 정관(正觀)하며
능히 육근을 다스려 안으로 거둬들이고
음식을 잘 가리고 때와 양을 조절하며
늘 힘써 정진하기를 좋아하는 자라면
삿된 마도 결코 뒤흔들 수 없으리
거센 바람에도 꿈쩍하지 않는 바위산처럼

마치 변방의 성을 굳게 굳게 지키듯
그대 자신을
안팎으로 빈틈없이 경계하여라
한 순간도 놓쳐서는 아니 되느니
놓쳐버린 그 한 순간으로 하여
지옥의 고통에 울게 되리라

제멋대로 날뛰는 마음을 그냥 두지 말 일이다
쾌락을 좇아 탐닉하게 두지 말라
마음을 붙잡아 통찰의 지혜 키워가면
마침내 헤아릴 수 없는 적멸의 기쁨에 이르리니

저 혼자 한없이 쏘다니는 이 내 마음이여
물질도 아닌 것이 육신 속에 숨어들었네
바로 이 놈을 잡아 잡도리하는 사람은
염라왕(閻羅王)의 사자(使者)도 데려가지 못하리라

들뜨기 쉽고 붙들기 어려운 이 마음은
잠시도 쉬지 않고 온갖 것을 기웃거린다
이런 마음을 다잡는 것은 진정으로 뛰어난 일
그 마음이 참다운 행복을 불러오리니

쉴 새 없이 쏘다니며 흔들리기 쉬운 마음을
지키고 다스리기란 만만한 일이 아니다
지혜로운 이라야
그것을 다스려 바르게 할 수 있나니
마치 솜씨 있는 사람이 굽은 화살을 바루듯이

미묘하고 미세하여 잘 보이지도 않는 마음이여
끊임없이 쾌락을 좇아 배회하며 헤매네
지혜로운 사람은 그 마음을 솜씨좋게 다잡나니
그 마음이 참 행복을 가져오리라

한량없는 세월을 이 마음은
내키는 대로 쏘다니며 방황했었네
나 이제 이 놈을 철저히 다잡으리라
조련사가 쇠꼬챙이로 난폭한 코끼리를 길들이듯이

방일(放逸)하지 말라
그대 자신의 마음을 살피라
늪에 빠진 코끼리가 몸부림쳐 늪을 벗어나듯이
악도에서 그대 자신을 구출해내라

340 •

마음챙김(正念)[40]이 바로 생사를 벗어나는 길
정념을 이루지 못한 마음은 생사에 묶여있네
정념을 닦아가면 생사마저 초월하는데
정념을 모르면 이미 죽은 것과 다름없도다

지혜로운 이는 이 면면한 마음챙김으로
적멸의 열반을 성취하나니
열반은 일체의 속박을 벗어난 마음자리
위없는 진락(眞樂)이며 지복(至福)이어라

이 진리를 철저히 알아
언제라도 마음챙김을 놓치지 않는 현자는
법희(法喜)와 선열(禪悅)을 구하지 않아도 누리며
영원한 성도(聖道)에 한가로이 노닌다

어리석은 자들 혼탁한 마음으로
정념을 모른 채 어지러이 살아갈 때
지혜로운 이들은 마음챙김 하나를
가장 고귀한 보배로 여겨 오롯이 지켜가네

정념수행(正念修行)을 즐거워하고
늘 나태와 방종을 경계하는 수행자를 보아라
크고 작은 장애를 뚫고 거침없이 나아간다
온갖 것을 사르며 번지는 불길 같지 않으냐

정념수행을 기꺼워하고
늘 스스로 나태와 방종을 경계하는 수행자에게
후퇴하는 일이란 결코 없어라
열반의 목적지 향한 향상(向上)의 일로(一路)뿐

정념으로 늘 깨어있는 현자는
한 순간도 멈추지 않고 나아가고 나아간다
준마(駿馬)가 거침없이 내달아
보잘것없는 말떼들을 까마득히 앞지르듯

347 •

지혜로운 이들은 이 정념으로 게으름을 정복하며
생사의 슬픔에서 멀리멀리 벗어나
드높은 반야(般若)의 봉우리에 홀로 우뚝 서나니
근심과 슬픔에 빠져 허덕이는 중생 굽어본다
마치 높은 산 정상에 오른 사람이
산 아래 정처 없이 헤매는 뭇사람을 굽어보듯

자신이야말로 가장 소중한 존재
누구나 자기를 사랑한다면
세 때 가운데 한 때[41]만이라도
깨어서 스스로를 지켜야 한다

전생에 마가(Magha)는 늘 정념으로 행(行)을 살펴
지금의 제석천왕(帝釋天王)[42]으로 환생하였네
신실하고 주의 깊은 삶은
두고두고 찬탄을 부르는데
방종한 삶에는 비난과 비웃음의 메아리뿐

누구라도 마음챙김을 부지런히 실천하여
마음을 청정히 하고 다스릴 줄 알 뿐더러
일을 당해 사려 깊고 사는 것이 법다우면
그 높은 이름 드높아 어디서도 드러난다

출중한 노력으로 마음챙김을 실천하여
잘 다스려지고 눈부시게 닦아진
자기 자신에 의지하여 바위섬처럼 우뚝 선 이를
세상의 어떤 물결이 휩쓸어갈 수 있으랴

떨치고 일어서야 할 순간에 일어서지 않고,
젊음과 건강이 남아있을 때
게으르고 의지와 뜻이 약한 사람은
그 방일한 마음으론 도를 결코 깨닫지 못하리라

사람이 살이 쪄서 먹고 자기만 하고
때없이 뒹굴뒹굴 게으르다면
그 어리석은 자, 더러운 우리 속의 돼지와 같아
끊임없이 태중(胎中)을 드나들며 윤회할 뿐이다

게을러빠지고 겁약(怯弱)한 마음으로
허투루 지내는 백 년보다도
선정(禪定)과 지혜(智慧)를 진실되게 닦으며
용맹스럽게 정진하는 하루가 훨씬 나아라

355 •

오 비구여, 그대 스스로 깨어 일어나라
그대 스스로 자신을 점검하고 경책(警策)하라
스스로 그대 자신을 지켜 보호하고
주의 깊게 살펴가면
기쁨과 행복 속에서 나아가리라

육신이란 질그릇처럼 부서지기 쉬운 것
마음을 잘 다스려 성곽처럼 굳건히 하며
수행자여, 반야의 검으로 마군(魔軍)을 정복하라
그대 이제 그 무엇에도 패퇴하지 않으리

지혜(智慧)는 선정(禪定)에서 생겨나므로
선정을 벗어나면 지혜도 드러나지 않는다
지혜를 얻고 잃는 이 기로에서
수행자는 길을 잘 잡아
부디 참선을 게을리하지 말아라
참 지혜를 얻어야 한다

지혜가 없이는 바른 선정에 들 수가 없고
선정에 들지 못하면 참 지혜가 발하지 않네
선정과 지혜를 더불어 닦아 익혀가면
힘차게 열반으로 나아가리라

계행을 잘 지니는 것만으로,
경교(經敎)에 두루 통하는 것만으로,
깊은 선정에 드는 것만으로,
혹은 두타행(頭陀行)[43]만으로는
결코 다 된 것이 아니다

비구들이여,
세상 사람 알지 못하는 기쁨을 누리노라고
부디 자만하지 말지니라
일체의 욕망
그 불길을 꺼버리기 전에는

모양이 아무리 고와도
향기 없는 꽃은 결실이 없네
아무리 좋은 가르침 들었다 해도
실천수행(實踐修行) 없으면 열매가 없네

자태가 아름다울 뿐만 아니라
향기로운 꽃이 좋은 열매를 맺듯
뛰어난 가르침 잘 받아 지녀
닦고 실천하면 무량한 공덕이 있다

아무리 많은 경전 읽는다 해도
나태하여 배운 바를 닦고 실천하지 않으면
남의 소나 세고 있는 목동과 같네
수행의 참된 공덕 어느 날에 얻을까

듣고 읽은 경전이 비록 적어도
진실한 실천행으로 삼독심(三毒心)을 벗어나고
반야와 해탈을 성취한 사람은
자신의 수행공덕을 두루두루 펼치리

여덟째門

彼岸

이르름

여래의 뛰어난 설법(說法)을 따라
진실하게 닦은 수행자들은
끝내 피안(彼岸)의 마음땅에 도달하리라
건너기 어려운 염라의 왕국을 지나

오매(寤寐)에 일여(一如)하도록
밤낮으로 정진하여
열반에 이르고자 진력(盡力)하는 이에게
번뇌는 마침내 끝이 나리라

칠각지(七覺支)[44]로 잘 닦인 마음은
모든 집착을 끊어
무욕의 즐거움을 누리네
번뇌가 다하여
이 세상에서 이미 반열반(般涅槃)[45]을 성취하나니
참으로 거룩한 지고(至高)의 존재

백조가 해처럼 높이 떠 날아가 버리듯
깨달은 이들은 자취 없이 열반에 이른다
반야를 얻은 이들은 마와 마군(魔軍)을 떨치고
윤회의 세계를 단숨에 벗어난다

생사의 여정은 끝났다
슬픔과 근심은 다하였으며
일체의 속박을 벗어난 아라한이여
그 마음에 추호의 괴로움이 없네

사마타(禪定三昧, 止)와 위빠사나(般若智慧, 觀)를 닦아
피안에 이른 진정한 바라문이여
깨달음을 성취하여
일체의 속박에서 해탈(解脫)하도다

371 •

자신 안에서 오온(五蘊)이
순간순간 일어나고 사라지는 것을 꿰뚫은 자
불멸(不滅)의 행복과 기쁨을
성취하리라

장부다운 기상으로
갈애의 흐름을 끊어 없앤 바라문이여
생겨난 모든 것이 결국
사라진다는 것을 깨닫는 순간
불생불멸(不生不滅)한 것 또한 증득(證得)하리라

373 •

여래의 가르침에 환희심(歡喜心)이 넘치고
여래의 가르침에서 고요를 얻은 비구여
불생불멸의 적정을 요달하리라
바야흐로 온 갈애와 고락(苦樂)이 다해버린 곳

일체의 생명을 해치지 않고
빈틈없이 자신의 육신을 다스리는 현인은
불멸의 열반에 이르나니
그곳엔 더 이상의 괴로움이 없네

끄기 어려운 갈애의 불길을 잡은 사람은
살아있는 동안에도
고통이 그에게 스며들지 못하리
연잎이 물방울에 젖지 않듯이

아라한은 대지처럼 인욕하고
칭찬과 비방에 무심하며
문설주와도 같이 묵묵히 본분을 다하네
마음은 고요히 가라앉아 맑은 호수같아라
그에게 괴로운 생사는 더 이상 되풀이되지 않는다

흠 없는 계행을 지니는 한편
언제나 각성된 높은 의식을 지니고
깨달음을 성취하여 해탈한 이여
마왕인들 그가 가는 길 볼 수 있으랴

그 가는 길
사람들도 모르고, 건달바도 모르고, 신도 모르는,
번뇌가 꺼져버린 불문(佛門)의 성자 아라한이여
그를 여래는 진정한 바라문이라 하노라

379 •

마음이 언제나 탐욕으로부터 자유롭고
미움과 성냄을 말끔히 떨쳤으며
선악을 초월하여 항시 깨어있는 성현(聖賢)에게선
티끌만한 두려움도 찾아볼 수 없어라

법의 감로수(甘露水)를 마시는 사람은
평온 가운데 지복을 향유한다
지혜로운 이는 영원히
성인의 가르침을 스스로의 존재 속에서 누린다

열반에 이른 이는 다른 존재의 맹신자가 아니다
그는 윤회의 사슬을 몸소 끊었고
스스로 업보를 벗어나고
욕망의 뿌리를 뽑아버렸으니
진실로 출중한 장부라 하리

농부가 물길을 내어 원하는 데로 물을 대고
활 만드는 사람이 능숙하게 화살을 바루며
목수가 솜씨 좋게 재목을 다루듯
반야를 얻은 이는 자신의 마음을 마음대로 부리네

383 •

분요(紛擾)한 저자거리든 고요한 산중이든
골짜기든 언덕배기든
마음속에서 열반을 찾은 아라한이 머무는 곳은
어디나 안락의 땅 아닌 데가 없어라

반야를 얻은 이는 집착을 여의어
고요한 그 마음, 쾌락을 좇지 않네
즐거움이 오건 괴로움이 오건
한결같은 평정심(平定心), 동요가 없어라

385 •

그의 마음은 이미 쉬어 고요하다
부질없는 말도 행동도 그쳐, 묵묵하고 의연하다
깨달음으로 해탈을 성취한 이
적멸의 땅에서 쉬도다

아라한의 감관은 차분하고 고요해라
흠 잡을 데 없이 길들여진 준마와 같네
아만(我慢)과 번뇌를 조복받으니
하늘의 신들도 우러러 받드는도다

무량한 지난 세월 마음이 흐렸으나
이제는 맑고 눈부시게 깨어난 존자(尊者)여
그대의 존재가 이제 삼계를 비추는도다
구름 걷혀 청천에 드러난 만월(滿月) 같구나

지난날 미망 속에서 알게 모르게 저지른 허물
불법 닦은 공덕으로 흔적없이 씻어버린 존자여
이제 그대의 존재가 삼계를 남김없이 비추네
구름 뚫고 선연히 나타난 보름달이여

그 나이 아직 어릴지라도
여래의 가르침에 자신을 온전히 바친 수행자는
능히 삼계를 비추고 남으리라
구름 벗어나 휘영청한 보름달처럼

장광설을 늘어놓는다고
불법을 봉행(奉行)하는 사람이 아니다
설령 듣고 배운 것이 적을지라도
법을 실답게 깨달은 이 있으니
그는 불법을 진정으로 받들어 지니는 사람
또한 누구보다 법을 잘 설하는 사람이니라

자의(恣意)로 판단하는 사람은
바른 눈을 가진 것이 아니다
옳고 그름 깨달은 법안(法眼)으로 가릴 줄을 알아야
진실로 눈 밝은 사람이라 이를 수 있네

배움이 깊고, 임의대로가 아니라
깨달은 법과 평등심으로 사람들을 이끌고
법과 지혜를 벗어나지 않는 사람
그를 눈 밝은 이라 이를 수 있네

393

말재주가 있다 해서 배움이 깊은 사람이 아니다
언제나 마음이 고요히 안정되어
미움과 두려움이 일지 않는 이
그를 가리켜 배움이 깊다고 하리

그저 머리가 새어간다고
고승(高僧)이 되는 것은 아니다
부질없이 나이만 먹었다면 그는 헛되이 늙었나니
아무 보잘것없는 속 빈 늙은이

깨달음, 넘쳐나는 덕과 자비심,
청정한 계행과 너그러움,
번뇌의 오염을 벗어나 성취한 반야,
이것을 갖춘 분을 고승이라, 대덕(大德)이라 한다

396 • 397

시기심과 탐욕이 가득하고 부정직한 사람이
번지르르한 말솜씨나
그럴듯한 외모로써
존경받을 만한 사람이 될 수는 없는 것

그것을 제거하고 뿌리뽑아서
애증과 번뇌를 벗어난
어진 현자를
비로소 존경할 만한 사람이라 이르나니

묵언을 한다고
성인(聖人)[46]이 되는 것은 아니다
여전히 어리석고
무명에 싸여 벗어나지 못했다면

스스로 만유의 중심에 서서 저울에 달듯
가치 있는 것과 덧없는 것을 명쾌히 가릴 줄 아는
그런 지혜로운 이가 진정한 성인
그는 이 세상의 양 변을 저울에 단다

생명을 해치는 자
성자라 할 수 없다
일체의 중생에게 대비심(大悲心)을 지닌
불살생(不殺生)의 인자(仁者)를 성자(聖者)[47]라 하네

그를 진정한 바라문이라 하리
진심(嗔心)을 넘어서고, 일대사(一大事)를 마쳤으며
갈애를 없애고 덕을 갖추고
자아를 정복하여 이 생을 마지막 생으로 만든 이를

아만이라는 아버지와 갈애라는 어머니를 죽이고
단견(斷見)과 상견(常見)[48], 두 왕을 죽이고
육근(六根)의 왕국과 육진(六塵)의 백성을
도륙하고도
저기 무사히 걸어가는 바라문을 보아라

부모를 다 죽이고
두 왕을 시해하고
주변의 고관들 역시 모조리 없애버리고도
진정한 바라문이 저기 멀쩡하게 지나간다

완전한 경지에 이른 자
두려움이 없고 목마름도 죄업도 없네
생사의 가시를 다 뽑아버렸으니
이것이 그가 받은 마지막 몸이니라

405 •

갈애와 애착을 없애고
옛 경전의 글귀와 그 깊은 뜻을 체득하며
그 앞뒤를 꿰뚫어 여실히 회통(會通)한 사람
그에게는 이것이 마지막 몸이니
그를 위대한 성인,
진정한 대장부라 하리라

배움이 깊고 지혜를 지녀
바른 길과 그릇된 길을 잘 가려 나아가
끝내 위없는 정상(頂上)에 선 그 사람을
여래는 진정한 바라문이라 하노라

그를 진정한 바라문이라 부르리
일체의 속박을 끊어
더 이상 두려움이 없고
홀로 당당한 대해탈인(大解脫人)을

그를 진정한 바라문이라 부르리
자신을 묶고 있던 밧줄을 끊고, 멍에를 벗고
고삐를 풀어 던지고, 울타리를 부수고 뛰어나와
이제 그 무엇에도 걸림 없는 대수행인(大修行人)을

마침내 윤회의 고통이 다했음을 스스로 확인하고
생사의 모든 짐을 내려놓은 사람
족쇄를 벗어던지고 대자유(大自由)에 이른 이를
여래는 진정한 바라문이라 부르리

410 •

이런 사람이 진정한 바라문이다
이 생에 대해서도 저 생에 대해서도
다시 어떤 것도 구함이 없는,
비로소 벗어나야 할 것에서 완연하게 벗어난 사람

이런 사람이 진정한 바라문이다
세상의 선과 악에 매이지 않고
슬픔과 죄악에서 씻은 듯이 벗어난 사람,
온갖 때를 씻고 맑아진 사람

달처럼 그 빛이 고결하고
고요하고 평온하며
온갖 소란과 동요를 잠재워버린
이런 사람이 진정한 바라문이다

길을 떠나 곳곳의 험로를 거쳐
드디어 고해(苦海)의 저 편 기슭에 닿아
미망과 집착과 갈애를 넘어선
이런 사람이 진정한 바라문이다

414 •

인간세계의 모든 속박을 벗었을 뿐 아니라
하늘세계의 매임조차 벗어났으니
이렇듯 삼계의 모든 얽매임에서 풀려나 해탈을 얻은
이런 사람이 진정한 바라문이다

즐거움도 떠나고 괴로움도 떠나
고요한 그 마음, 환생(還生)의 움을 잘라버리고
온 삼계를 일망타진한 진정한 영웅
그가 정녕 흠잡을 데 없는 바라문이다

이런 사람이 진정한 바라문이다
일체의 이해(利害)를 초월하고
법을 깨달아 한 점 의혹이 없으며
죽음을 벗어난 그곳에 다다른 사람

이미 이르러야 할 곳에 이른 자에겐
생사의 이쪽 기슭도 저쪽 기슭도 따로 없어라
이젠 그 무엇에도 두려움도 속박됨도 없는 까닭에
여래는 그를 가리켜 진정한 바라문이라 부르노라

지혜롭고 청정하고 고요하고,
일대사(一大事)를 다 해 마치고, 갈애를 여의었으니
그는 드디어 위없는 목표를 이룬 것
여래는 그를 진정한 바라문이라 하노라

• 419

일체중생의 삶과 죽음의 길을 알고
속박에서 벗어나고 복락에서도 벗어나고
불타에게서조차 벗어나 의지하는 데가 없는 사람
그를 여래는 진정한 바라문이라 하노라

과거의 것, 미래의 것, 그 중간의 것
그 어느 것도 내 것이라 부르지 않고
참으로 가난하여 세상을 사랑치 않는
그를 여래는 진정한 바라문이라 하노라

성난 황소처럼 두려움이 없고
고고하고 견줄 데 없는 위대한 성웅(聖雄)
불굴의 정복자, 완성자, 깨달은 자를
여래는 진정한 바라문이라 하노라

422 •

전생 일을 스스로 알고
자신의 눈을 떠 천상세계와 지옥을 보며
다시 태어나지 않는 경지에 몸소 도달하고
대지혜(大智慧)를 원만히 이루어
그 완성이 완전에 이른 자
여래는 그를 진정한 바라문이라 부르노라

어질고 지혜로운 분,

바른 행을 나투고 사자후(獅子吼)로 진리를 드러내며,

일대사를 다 해 마친 위없는 그 분에게

삼계의 끝없는 공경은 바쳐지리라

역 주

1 **마음** 모든 중생들이 부처님과 다름없이 본래 지니고 있는 참마음(眞心), 청정한 본성(本性). 그러나 아직 깨닫지 못한 상태에서는 무명과 업, 번뇌에 덮여있으므로, 중생은 그 때문에 괴로움을 벗어나지 못하고 자유롭지도 못하다. 부처님은 다만 그 마음을 온전히 깨달은 존재. 모든 중생도 또한 그렇게 될 수 있다. 불법의 목표는 바로 이 마음을 깨달아 그 지혜로 생사의 괴로움을 벗어나 성불하고 또한 대비심으로 일체중생을 이 해탈의 길로 인도하는 것.

2 **모든 것은 마음이 주인이며 마음으로 이루어지나니** 일체가 마음으로 이뤄진다(一切唯心造), 마음에서 연기한다(從心緣起)는 것이 부처님을 비롯한 모든 깨달은 분들이 설파하시는 진리. 여기에서 벗어난 사상이나 종교적 가르침은 정법(正法)이라 할 수 없다.

3 **건달바(乾達婆)** 가장 낮은 천상세계인 욕계 첫 번째 하늘 곧, 사왕천(四王天) 아래엔 각각 팔부중(八部衆)이 따르는데 건달바는 그 가운데 음악을 좋아하는 신이다.

4 **마왕(魔王)** 욕계의 여섯 천상 가운데 맨 위인 타화자재천(他化自在天)의 왕. 그는 그 아래 세계의 중생들이 감각적 욕망을 충족시키는 것을 보고 자신의 쾌락으로 삼으며, 누구든 금욕이나 수행을 통해서 욕계를 벗어나거나 선정에 들려 하면 자신의 존재가 위협받는다고 여겨 갖은 방법으로 방해한다.

5 **범천(梵天)** 색계 초선천(初禪天)의 신. 브라흐만. 수명이, 성주괴공(成住壞空)을 반복하는 이 세계가 한 번 생겨났다 사라지는 시간인 1겁(劫)인 이 신은 유달리 만심(慢心)이 강하여, 자신이 이 세계의 창조주라고 거짓말을 하므로, 열반을 구하는 불법의 대수행자들은 그 천상에 가 태어나지 않는다.

6 **열반(涅槃)** 범어 니르바나(Nirvana)를 음차한 말. 생겨나고 사라지는 것이 영원히 그친 절대평온과 절대행복의 마음자리. 적멸(寂滅).

7 **대수행인(大修行人)** 해탈을 성취한 대도인(大道人).

8 **삼계중생(三界衆生) 환(幻)의 세계에서 즐거움을 구하나 여래(如來)는 환의 세계를 온전히 벗어났으니** 삼계란 중생들이 존재하는 세 차원의 세계 곧 욕계(欲界), 색계(色界), 무색계(無色界)를 말한다. 욕계는 성적 욕망에 사로잡혀 사는 중생들이 몸담고 사는 세계(여기엔 지옥, 아귀, 축생, 아수라, 인간, 그리고 성욕이 어떤 형태로든 남아 있는 욕계

여섯 천상의 신들의 세계가 포함된다)이며, 색계는 성욕을 벗어나, 남녀가 따로 없지만 아직 몸 자체에 대한 집착에서 벗어나지 못하여 몸을 가지고 살아가는 천상의 신들이 존재하는 열여덟 단계의 세계, 그리고 무색계는 몸에 대한 집착에서도 벗어났지만 정신적 자의식에서는 해탈하지 못한 신들의 네 천상의 세계를 말한다. 그러므로 삼계에는 우리가 경험적으로 그 존재를 확인할 수 있는 인간과 축생들의 세계는 물론이고, 보통 범부의 눈에 보이지 않는 지옥, 아귀, 아수라의 세계뿐 아니라 스물여덟의 천상 신들의 세계가 다 망라된다. 미망의 꿈속에서 윤회하는 중생은 욕계, 색계, 무색계 가운데서 길고 짧은 수명을 가지고 살아가는 도중 한량없는 업을 짓고 그 업에 따라 천신(天神), 인간, 아수라, 축생, 아귀, 지옥중생으로 태어나고 죽기를 무수히 되풀이한다. 이것이 육도윤회(六途輪廻)이다. 그러나 이 모든 과정은 실재하는 것이 아니라 무명에 싸인 중생이 마치 꿈결에서 그러는 것처럼, 스스로의 마음이 업식 따라 지어낸 환(幻)을 실재로 착각하는 것일 뿐이다. 여래는 이러한 환의 세계의 윤회에서 깨달음을 통하여 완전히 벗어나신 분이며, 불법의 목적은 육도의 일체 중생으로 하여금 이 미망의 꿈에서 깨어남으로써 삼계에서 벗어나 해탈하게 하는 것이다. 이 해탈의 상태, 시공을 포함한 일체 존재가 벌어지기 전, 꿈 꾸기 이전의 우리 마음의 본래 자리, 그러한 내면적 경지가 열반이다. 따라서, 열반의 세계는 우주 안의 어떤 특정한 공간일 수 없다. 또, 여래가 머무는 심지에서 보면, 삼계란 그 마음자리에서 인연 따라 벌어져나온 것일 뿐, 그 본질이 그대로 열반이며 그 안의 삼라만상, 두두물물(頭頭物物)이 곧 여래의 청정법신(清淨法身)이요, 열반묘심(涅槃妙心)이다.

9 **삼계 어디에도 영원한 목숨 없으되** 시간, 공간, 물질, 에너지, 일체 유정(有情)의 정신작용 등 한번 생겨난 모든 것은 반드시 사라진다. 이것이 하늘세계도 영원한 세계가 아니며 신들조차 윤회하는 중생이라고 하는 이유이다. 열반, 부처의 경지, 우리의 참마음은 생멸(生滅)을 넘어서 시간 너머에 존재하는 근원이다. 따라서 깨달음을 얻고 열반에 이른다는 것은 우주 안의 어느 다른 공간이나 어떤 정신세계에 새삼스럽게 가 닿는 것이 아니라, 시공 이전에 원래 그렇게 존재하던 우리 본연의 모습을 회복하여 생사(生死)의 꿈을 깨는 것이다. 그 자리는 무시무종(無始無終)이다.

10 **나는 ~ 하랴** 이 게송과 이 게송 다음의 두 게송은 석가모니부처님께서 정각을 이루신 직후 읊으신 것이다.

11 **이 집 지은 자** 생사(生死)의 근본 원인. 무명(無明).

12 **삼독(三毒)** 마음의 청정한 본성을 물들게 하여 중생을 괴로움에 빠뜨리는 세 가지 독. 갈애, 희탐(喜貪), 탐욕 등의 탐심(貪心)과 분노, 성냄, 화, 시기, 질투 등의 진심(嗔心)과 무명, 어리석음, 아만, 사견 등의 치심(癡心).

13 **범천(梵天)조차 그를 찬탄하리니** 신들 역시 무명에서 벗어나지 못하여 아만(我慢)이 남아있지만, 그 가운데 범천은 특히 인간들과 자기보다 낮은 신들이 자기만 추종하고

자기만 찬탄하기를 기대한다.

14 **팔정도(八正道)** 열반에 이른 부처님께서 가리켜 보이는, 열반으로 나아가는 길. 여덟 단계로 묘사되므로 팔정도라 한다. 먼저 바른 믿음과 견해(正見)를 갖추고, 신구의(身口意) 삼업(三業)을 바르게 하며(正思, 正語, 正業), 바른 본분과 직업을 가지고(正命), 바르게 노력하여(正精進), 바른 마음챙김(正念)을 통하여 바른 선정(正定)에 드는 것이다. 이 길로 나아가지 않으면 아무도 바른 깨달음에 이르러 바른 진리를 깨닫지 못하며 바른 구원에 이를 수도 없다. 또, 누구든지 이 길로 끝까지 나아가면 결국 열반에 이르러 삶과 죽음을 영구히 벗어나게 된다.

15 **사성제(四聖諦)** 부처님께서는 흔히 깨달으신 진리를 이 네 가지로서 드러내셨는데, 이 사성제를 깊이 이해하면 불법과 다른 외도(外道)의 가르침 혹은, 중생들의 어리석은 믿음이나 소견과의 극명한 차이를 알 수 있다. 첫째, 삼계 안의 모든 중생들의 삶과 죽음은 덧없고 괴로운 것, 천국에 이른다거나, 세상에서 좀 형편이 나아진다거나, 시간이 간다고 해서 해결되는 것이 아니니, 이것이 고(苦)의 진리이다. 둘째, 이 중생들이 겪는 괴로움은 연기하는 것, 곧 원인이 있어서 벌어지는 것이지 초월자가 부과하는 것이거나, 숙명적으로 존재하는 것이거나, 이유없이 우연적으로 존재하는 것이 아니니, 이것이 괴로움이 집기(集起)한다는 집(集)의 진리이다. 셋째, 중생의 괴로움이 원인이 있어 헛되이 벌어진 것이므로, 피할 수 없는 것이 아니라 괴로움을 없애고 벗어나는 것이 가능

한 것이니, 이것이 괴로움이 사라질 수 있다는 멸(滅)의 진리이다. 넷째, 이 괴로움의 극복은 이론적으로만 가능한 것이 아니라 누구나 실천하여 나아가기만 하면 거기 이르는 방법 곧, 길이 있는 것이니, 이것이 이른바, 도(道)의 진리이다.

16 **한번~길이다** 이 게송과 다음 두 게송의, 제행무상(諸行無常), 제법무아(諸法無我), 일체개고(一切皆苦)를 삼법인(三法印)이라고 하는데, 이 역시 부처님께서 불법을 세 가지로 함축하여 특징적으로 설명하신 것이다.

17 **염리(厭離)** 진리에 눈뜨게 될 때, 그 동안 미망에 사로잡혀 애착하거나, 각성된 마음이 부족하여 단호히 끊고 떠나지 못하던 것을, 비로소 그 실상을 바로 봄으로써 진실로 싫어하는 생각이 일어나 마음이 거기서 아주 떠나 자유로워지는 것.

18 **일체의~가르침** 우주적 시간으로 지금의 이 겁(劫)을 현겁(賢劫)이라 한다. 현겁 중에는 지금까지 일곱 부처님께서 출현하셨고, 석가모니부처님은 그 일곱 번째 부처님이시다. 이 일곱 부처님께서 불법을 아주 간명하게 드러내는 한 게송을 공통적으로 읊으셨다 해서 이것을 칠불통게(七佛通偈)라 한다. 한문으로는 諸惡莫作 重善奉行 自淨其意 是諸佛敎.

19 **감로(甘露)** 중생이 생사 가운데에서 겪는 한량없는 모진 기갈을 가시게 하는 불법을 뜻한다.

20 **야마천(夜摩天)** 욕계의 여섯 천상 가운데 세 번째 세계. 이곳의 천왕이 염라왕으로서, 죽어서 중음계에 들어간

중생들을 지난 세상에 지은 업의 선악정도를 판단하여 내생을 결정하여 다시 6도 가운데 한 길로 윤회하게 한다.

21 **성제자(聖弟子)** 불법을 깨달은 부처님의 제자. 흔히 존자(尊者)라고 한다.

22 **수다원과(修陀洹果)** 소승(小乘)의 네 과위(果位) 가운데 첫 번째. 주 35) 참조.

23 **무명(無明)** 중생이 겪는 생사의 괴로움의 최종적인 원인이 바로 이 무명(無明), 존재의 실상에 대한 무지이다. 중생의 본각(本覺)을 가리고 있던 무명은 오로지 바른 깨달음에 의해서만 타파되므로(始覺), 수행을 거치지 않은 맹목적 믿음이나 지적인 차원의 알음알이로는 결코 제거할 수 없으며, 스스로도 무명을 벗어나지 못한 존재인 신에 의한 영원한 구원이란 환상일 뿐이다.

24 열매를 맺고 나면 즉시 말라 죽는 대나무처럼 대나무숲은 몇 십 년을 두고 내내 푸르다가도 갑자기 꽃이 피고 죽실(竹實)을 맺으면 모든 그루가 일제히 말라 죽는다.

25 **삼악도(三惡道)** 여섯 갈래 윤회의 길 가운데 지옥, 아귀, 축생 이것들은 다른 셋보다 상대적으로 고통이 많은 세계이므로 삼악도(三惡道)라 한다. 반대로 천상, 인간, 아수라의 세계는 삼선도(三善道).

26 이같은 삿된 소견 이러한 잘못된 종교의식이나 도덕성을 계금취견(戒禁取見)이라 한다. 열반의 길을 가로막는 열 가지 장애(十結 혹은 十障) 가운데 하나(주 35), 36) 참

조). 깨달음을 향해 나아가기 위해서는 이 계금취견으로부터 벗어나 이미 깨달음에 이른 자로부터 가르침 받은 바른 믿음과 견해를 가지는 것이 참으로 중요한 첫 걸음이다. 가보지 않은 어떤 곳을 향해 떠나기에 앞서 바르고 정확한 지도나 정보를 얻는 것이 필수적인 것과 같다.

27 **바라문(婆羅門)** 인도에서 고대로부터 인간을 네 계급으로 나누어온 카스트의 전통에 의하면 가장 높은 계급은 종교적 직무와 권위를 가진 이 바라문이다. 그런데, 이 경전에서 부처님께서는 가장 높은 종교인, 진정으로 존경받아 마땅한 수행자는 태생으로 결정되는 것이 아니라, 실다운 수행과 깨달음을 통해서 해탈을 성취한 이들이라는 뜻으로 '진정한 바라문(Brahmana)'에 대해 계속해서 부연하신다.

28 **정념(正念)** 원어는 Sati. 통찰, 바른 기억, 마음집중, 알아차림 등으로 번역되기도 하지만, '바른 마음챙김'이라 새기는 것이 가장 정확하리라 본다. 한번 무명에 사로잡힌 중생은 열반을 쉽사리 회복하지 못하고 미혹한 채로 생사 속에서 즐거움을 찾느라 마음이 끊임없이 움직이게 되는데 그 움직임이 업과 번뇌인 셈이다. 번뇌는 곧 '새어나감(漏)'이기 때문에 지속되면 중생을 피로하게 하고 그러면, 중생의 마음은 바로 미혹 그 자체일 뿐인 잠에 빠져든다. 이 무수히 되풀이되는 과정이 중생심의 생멸이며 이것이 몸의 생사로 직결된다. 여기에서, 열반을 되찾으려는 수행의 노력은 자연히 마음이 번뇌망상

(散亂, 掉擧)과 잠(昏沈, 無記)이라는 양 극단에 빠져들지 않게 그 중도(中道)로 몰고 가는, 다시 말하면 마음을 맑고 고요하게 가라앉히면서도 명징하게 깨어나게 하는 곧, 마음을 끊임없이 챙겨가는 과정을 통해서 나아가게 된다. 이것은 소승의 사념처관(四念處觀)이든, 대승의 바라밀행(波羅密行)이든, 염불(念佛)이나 주력(呪力)이든, 조사선문(祖師禪門)의 화두참구수행(話頭參究修行)이든 그 심도나 적용에 있어서의 작은 차이를 제외하면 모든 불법수행에 한결같이 공통되는 선수행(禪修行)의 요체이다. 이를테면, 육근의 문을 통하여 끊임없이 바깥 경계에 끄달리거나 잠에 빠져들려 하는 마음을 붙잡아 수행의 주제에 몰입시키는 과정이다. 다르게 표현하면, 마음에 심(尋, 위따카Vitakka; 다른 데 팔리거나 잠에 빠져드는 마음을 수행주제로 끌어오는 것)과 사(伺, 위짜라Vicara; 일단 수행주제로 돌아온 마음을 잘 살펴서 다시 딴 데로 끌려가지 않도록 붙들어 유지시키는 것)를 부각시키는 것이 그것이다. 그리고 이 바른 마음챙김이 좀더 심화되어 가면 바로 정(定)과 혜(慧), 지(止)와 관(觀), 사마타와 위빠사나, 적(寂)과 성(惺)이 동시에 갖추어진 바른 선정(正定)에 이어지며, 그로부터 깨달음과 해탈이 성취되는 것이다.

29 **광음천(光音天)** 색계와 무색계의 천상은 각각 그에 상응하는 선정력(禪定力)이 있어야 도달할 수 있는 선정천(禪定天)이다. 색계의 열여덟 천상은 다시 초선천(初禪天), 2선천(二禪天), 3선천(三禪天), 4선천(四禪天)으로 나뉘어지고, 그 가운데 광음천은 2선천의 세 번째 천상이다. 수

행자가 선정에 들 때 초선에서 시작하여 2선, 3선, 4선으로 차차 깊어져 들어가면, 초선에서는 순일한 집중이, 2선에서는 강한 심신의 환희가, 3선에서는 좀 더 평온하고 깊은 기쁨이, 4선에서는 마음의 평정과 명징성이 각각 두드러지게 느껴진다. 높은 천상의 신들이 물질적 음식으로가 아니라 선정의 기쁨을 음식으로 하여 살아가므로(禪悅爲食) 이렇게 표현하신 것이다. 우리가 인간의 몸을 가지고 있는 상태에서도 선정삼매에 들면 음식을 섭취하거나 몸을 돌보는 다른 일을 하지 않아도 그 동안 육신이 보존된다.

30 **피안(彼岸)** 삼계를 고해(苦海)에 비유했을 때, 이 생사의 고통바다를 건너 도달한 저 쪽 기슭 곧, 열반을 일컫는 말이다.

31 **서른여섯 갈래의 길** 눈·코·몸·마음(眼耳鼻舌身意)의 육근(六根)에 욕계, 색계, 무색계에 대한 욕망 셋을 곱하면 열여덟. 또 색깔·모양·소리·냄새·맛·촉감·개념(色聲香味觸法)의 여섯 대상경계(六境 혹은 六塵)에 위의 셋을 다시 곱하면 또 열여덟이니 이것을 합하여 갈애의 서른여섯 갈래 길이라고 표현하신 것.

32 **범행(梵行)** '범(梵)'이란 성(性)으로부터 초월한 청정(淸淨)을 뜻한다. 욕계를 벗어난 첫 번째 천상을 범천(梵天)이라 하는 것도 그 때문이다. 따라서, 범행이란 출가수행자가 되어 닦는 성적으로 청정한 행이라는 뜻.

33 **오온(五蘊)** 직역하면 다섯 가지 쌓임이라는 뜻이다. 색(色, 물질), 수(受, 지각, 감수작용), 상(想, 생각, 인식작

용), 행(行, 의지작용), 식(識, 의식)의 다섯 가지. 중생이 미망 속에서 존재한다고 착각하는 육신과 우주, 물질적, 정신적 일체존재. 무명에 의하여 벌어질 때는 거꾸로 식, 행, 상, 수, 색의 순으로 드러나면서 차차 존재감이 강해지고, 반대로 반야가 증장하면 색, 수, 상, 행, 식의 순으로 그 공성(空性)이 드러나며 그 속박에서 벗어나게 된다.

34 **출가자(出家者)** 원어는 Pabbajito

35 **다섯 가지 얽매임** ① 오온(五蘊)을 자아로 착각함(有身見) ② 삿된 도덕기준(戒禁取見) ③ 불법에 대한 회의(疑結) ④ 탐욕(貪結) ⑤ 분노(瞋結). 이상 다섯 가지와 주 36)의 다섯 가지를 합하여 중생이 깨달음의 세계로 나아가지 못하도록 하는 열 가지 얽매임 혹은 장애라는 뜻으로 십결(十結) 또는, 십장(十障)이라 한다. ①, ②, ③은 수다원과를 증득할 때 사라지며 ④, ⑤는 사다함과에서 약화되었다가 아나함과에서 완전히 제거된다. 수다원(預流)과를 얻으면 지옥, 아귀, 축생의 삼악도를 제외한 삼선도 가운데 태어나는, 일곱 생 안에 해탈을 성취하고, 사다함(一來)과를 얻으면 한 번만 몸을 더 받으면 그 생에서 해탈하고, 아나함(不還)과를 증득하면 인간의 몸을 벗은 후 색계의 맨 위 다섯 천상 가운데 한 곳에 이르러 그곳에서 해탈한다.

36 **다섯 가지 더 강한 얽매임** ① 색계(色界)의 천상에 대한 욕망(色愛結) ② 무색계(無色界)의 천상에 대한 욕망(無色愛結) ③ 번뇌와 불안(掉結) ④ 아만(慢結) ⑤ 무명(無明結).

이상 다섯 가지는 아라한과를 증득할 때 다 사라진다. 아라한은 인간으로 살아 있는 이 생에 이미 해탈을 성취한 성인.

37 **다섯 가지 힘** 신심, 정진력(精進力), 정념(正念), 정정(正定), 지혜의 오력(五力)

38 **다섯 가지 덮개** ① 탐욕(貪) ② 성냄(瞋) ③ 어리석음(癡) ④ 불법에 대한 의심(懷疑) ⑤ 불안과 번뇌(掉擧)의 오개(五蓋)

39 **삼업(三業)** 몸으로 짓는 업인 신업(身業), 입으로 짓는 업인 구업(口業), 마음으로 짓는 업인 의업(意業)을 통틀어서 삼업이라 한다.

40 **마음챙김(正念)** 주 28) 참조

41 **세 때 가운데 한 때** 하루의 세 부분 가운데 한 부분이기도 하고, 인생의 세 부분 가운데 한 부분이기도 하다.

42 **제석천왕(帝釋天王)** 욕계 6천 가운데 두 번째 하늘을 제석천, 도리천(利天), 혹은 33천이라 하는데 그 천왕을 일컫는다. 인드라(Indra).

43 **두타행(頭陀行)** 바른 불법수행은 지나친 고행주의나 쾌락을 무절제하게 추구하는 쾌락주의가 아닌 중도수행(中道修行)이지만, 경우에 따라서는 마하가섭의 모범처럼 개인적으로 중도를 벗어나지 않는 가운데 보통의 수행자들이 따라하기 힘든 비구로서의 생활규범을 스스로 실천하거나 가행(加行)의 정진을 하기도 했다. 그것을 두타행이라 한다.

44 **칠각지(七覺支)** ① 순조로워지는 마음집중(念覺支) ② 존

재의 실상을 꿰뚫어보는 힘(擇法覺支) ③ 정진력(精進覺支) ④ 심신에 넘치는 기쁨(喜覺支) ⑤ 몸과 마음이 거뜬해짐(輕快安覺支) ⑥ 선정에 듦(定覺支) ⑦ 마음이 헛된 분별에서 벗어나 초연해짐(平等覺支). 수행을 해나가면 우리 안에 있던 깨달음의 이 일곱 요소가 드러나면서 탐진치(貪嗔癡)와 같은 부정적 요소를 제거하기 시작하며, 완전한 깨달음을 이루면 탐진치가 완전히 사라지고 칠각지도 완성된다.

45 **반열반(般涅槃)** 열반을 증득한 상태에서 마지막 육신을 벗고 드는 경지를 남음이 없는 열반 곧, 무여열반(無餘涅槃)이라 하며 다른 말로 반열반(般涅槃)이라 한다. 부처님의 경우는 특히 대반열반(大般涅槃)이라고 한다. 살아있는 상태의 열반은 남음이 있는 열반 곧, 유여열반(有餘涅槃)이다.

46 **성인(聖人)** 원어는 Muni

47 **성자(聖者)** 원어는 Ariya

48 **단견(斷見)과 상견(常見)** 깨달음의 진리는 흔히 중도(中道)로 표현되며, 진리를 깨닫지 못하여 미혹한 중생들과 외도들의 소견은 이 중도에서 벗어나 한 쪽 극단에 치우쳐 있기 십상이다. 이것을 변견(邊見)이라 하는데, 그 대표적인 것이 존재론적인 단견(斷見)과 상견(常見)이다. 모든 것이 사라지거나 죽고 나면 그것으로 끝이고 윤회도 없고, 인과(因果)도 없다는 믿음이 단멸론(斷滅論), 단견이며 반대로, 이 세상이나 허공이나 천상세계나 영혼이나 기타의 정신적인 것이 영속하리라고 믿는 것이 상주

론(常住論), 상견이다. 그러나 부처님께서는 정각을 성취하심으로써 우주와 인생의 본질을 철견(徹見)하시고 중도의 진리를 드러내셨으니 이로써 모든 외도의 변견이 혁파된 것이다. 곧, 정각을 통해서 증득하는 우리 마음의 본래 자리는 생사를 반복하는 자아 너머에 있는 불생불멸(不生不滅)하는 열반이므로 그것은 상주하는 것도 아니고(不生) 그렇다고 단멸하는 것도 아니다(不滅). 그것은 중생의 자의식이나 영혼도 아니고, 신도 아니고, 자연도 아니며, 허공도 아니며, 일체의 인식이나 사유를 넘어서 있다. 게다가, 거기에서 발하는 마하반야(摩訶般若)의 빛은 우리가 미혹에 사로잡혀 있을 때 존재한다고 여겼던 모든 것의 공성(空性)을 여실히 드러내며 그 공성이야말로 유무(有無), 단상(斷常)을 초월한 연기(緣起), 열반, 진성(眞性)의 실상이다.

옮기고 나서

"이와 같이 나는 들었다(如是我聞)!"

불멸(佛滅) 후, 경전을 결집할 때, 아난존자의 입에서 나온 첫 마디 말이다. 삼계의 가장 위대한 스승의 가르침을 거의 대부분 가장 가까이서 들었던 그가 그 모든 것을 조심스러우면서도 명료하게 기억해내면서…….

시공을 허물어뜨리는 사자의 포효에 한번 죽었다 깨어나지 않고서야, 그리하여 내 스스로 사자가 되어 사자의 울음을 울 수 없다면, 여우새끼가 어떻게 사자의 위용을 전할 수 있을까.

이것이, 이미 너무 많다고 할 수 있을 만큼 많은 번역본이 나와 있음에도 불구하고 그 필요성을 절감하여 여기 법구경을 다시 새기면서도 자주 주저주저했던 부끄러운 이유이다.

번역에 임하여, 무엇보다 곡해 없이 여래의 뜻에 최대한 가까이 다가가고자 하는 데 제일 큰 주안점을 두었다.

전해오는 법구경은 애초의 빨리어본을 근간으로 상좌부 불교권에서 유통되어 온 남방유통본과, 주로 한자문화권으로 전해져 온 북방유통본으로 대별할 수 있다. 이 가운데 북방유통본 즉, 한역본은 몇 장이 추가되어 분량은 상당히 더 많지만, 이 번역에서는 두 유통본의 공통분모라 할 수 있는 남방본을 원본으로 하고, 여기에 한역본을 대조하고 참고하여 작업하였다. 한문 정형시로 일차 번역하는 어려운 과정에서 생겼을 변화를 다시 한글 번역에서 그대로 수용하는 것이 내키지 않았기 때문이다. 그리하여, 기존의 빨리어 번역본을 토대로 원문의 직역을 우선 존중하면서도, 부처님께서 그 게송을 통하여 무엇을 말씀하시고 무엇을 깨우치려 하셨는지를 헤아려, 그것을 가장 효과적으로 전달하고자 하였다.

또, 이를 위해 될수록 가장 적절하고 정확한 용어를 사용하려고 노력했다. 누구나 인정하듯이 법구경은 매우 쉽고 간결한 느낌을 주는 법문이다. 그러나, 그 안의 함의(含意)는 아무도 쉽게 지나칠 수 없는 깊이와 날카로움을 지니고 있다. 그런데, 그것을 지나치게 쉽게 푸는 데만 치우쳐 옮기다 보면, 높고 현묘한 법문을 그저 밋밋하고 너무 평이하거나 오히려 모호해져버리게 하는 함정에 빠질 수 있음을 경계하였다. 게다가, 우리 불자들도 이제는 전문적인 불교 용어들에 많이 노출되어가고 있는 형편이다. 그렇지만 막상 그 속을 들여다보면 불법의 초보적인 이해조차 명쾌하지 않은 경우가 너무 많은 것도 사실이다. 따라서, 대중성만을 고려하여 무작정 쉽게 하는 번역보다는, 좀더 정확한 개념과 분명한 사상적 틀을 통하여 불법의 참뜻과 그 위대성을 가능한 한 왜곡 없이 파악하도록 하는 번역이 시기적으로 더 큰 효용이 있다고 판단하였다.

직접 부처님의 육성을 통하여 처음 불법에 입문하려는 사람들에게도 더없이 좋은 안내서이며 동시에, 오래된 불자들이나 구참(久參)의 수행자들에게도 다시 초심(初心)을 일깨우고 끊임없는 경각심을 불러일으키는 지침서로서 조금도 모자람이 없는 이 경전을, 누구나 곁에 두고 거듭 거듭 봉송하는 가운데 차츰 익숙해져가고, 점차 깊은 의미를 깨달아 가도록 함으로써, 결국은 부처님의 가르침을 명확하고 철저하게 요해(了解)하고 수증(修證)하여 내면화해가는데 오랜 길잡이가 되었으면 하는 바람을 담은 것이다.

역주 역시 그런 기조(基調)를 가지고 달았다.

'진리의 노래' 쯤으로 해석할 수 있는 '담마빠다(Dhammapada)' 라는 이 경의 이름이 암시하듯, 법구경은 원래 부처님의 법게(法偈)를 모은 게송집(偈頌集)이었다. 다시 말해, 이 경은 부처님께서 처음부터 끝까지 연달아 한번에 설하신 것이 아니라, 불멸 후 경전 결집이 이루어지고 난 몇 백년 후에, 법구존자(法救尊者)가 아함경 가운데 나오는 게송을 두루 살펴, 요긴하고 핵심적인 것들을 가려서 엮은 경이라고 한다. 그런데, 법구존자는 전체 423수의 게송을 총 26장으로 찬집(撰輯)하는 과정에서, 게송들 간의 논리적 연결성은 그다지 고려하지는 않은 것 같았다.

물론 그대로도 한 편, 한 편의 노래가 워낙 주옥같고 진금(眞金)같아서 조금도 모자람이 없으나, 이 기회에 조금은 조심스런 마음으로 약간 틀을 벗어난 시도를 감행하였다.

게송들의 순서를 전체적으로 재배열하여 모두 8장으로 다시 묶은 것이다.

돌무더기로 성을 쌓듯이, 내용의 흐름에 일관성과 짜임새를 부여한 이 새로운 편집을 통해서 불법의 대의가 좀 더 총체적으로 확연하게 드러나고, 내리 읽어나가도 끊어지지 않고, 점점 법의 대해(大海) 속으로 깊어져 들어가는 느낌이 들기를 기대하였다.

그리고 또 한 가지, 옮기는 과정 내내 염두에 두고 미력을 기울인 것은 우리말의 매끄러운 시적 운율이 살아나도록 하는 일이었다. 시 형식의 글을 다른 언어로 번역하기가 결코 쉬운 작업이 아니라 해도, 어찌 되었건 이 경의 형식은 게송이기 때문에, 부처님의 간명하면서도 장중하고, 예리하면서도 유려한 노래가 우리말의 시문(詩文)으로도 조금이나마 더 아름답고 매끄럽게 살아났으면 했다.

……

부처님은 과연 산문(山門)의 세월이 깊어갈수록 그리워지는, 스승 가운데 스승이다. 그 옛날, 그 분이 우리처럼 땅 위를 걷고, 말하고, 우리를 바라보았을 그 때는 진정 그립고 그리운 시절이다.

아, 그 분의 용맹한 지혜는 만고에 변치 않는 히말라야의 설봉(雪峰)처럼 드높아, 온갖 미혹된 소견과 팔만사천의 번뇌를 거침없이 부숴버렸고, 그 분의 헤아릴 수 없는 자비심은 드넓은 인도평원 저 아득한 지평선 너머로 가장 낮은 각도에서 뜨고 지는 태양빛처럼 따스하게 사람들의 가슴을 울리어 적셨으리라. 모습은 사자처럼 위엄이 넘치고,

걸음걸이는 코끼리처럼 당당하고……. 호수빛 같은 눈매는 타르사막 한가운데서 한밤중에 바라보는 별빛 같았으며, 진리를 설하는 음성은 태고의 파도소리처럼 잔잔하면서도 저항할 수 없는 힘과 깊이가 서리고 맑았으리라.

이 경에는 실로 그런 부처님의 면면이 절절하게 드러나 있다.

역사 속에서 부처님을 친견하고 면전에서 가르침 받았던 수많은 사람들이 '기쁨이 용솟음쳐 뛰며 춤추었다(歡喜踊躍)' 는 경전의 기록은 결코 수사학적 표현만이 아니었을 것이다.

그 때에 비하면, 이 위없는 스승을 여의고 우리가 살아가는 오늘은 얼마나 쓸쓸하고 허전한 나날들인가.

그러나, 이 땅, 오늘 이 시대의 누구라도 진실한 빈 마음으로 이 법구경의 게송 하나하나를 주의 깊게 봉송(奉誦)해 가며 우리 살아온 궤적과 지금 모습과 앞으로의 날들과 죽음을 비춰보노라면, 문득 언구(言句) 뒤에 살아있는 그 분의 뜻과 계합(契合)되어 진실로 그 분을 뵙는 듯하고, 우리 마음 또한 기쁨에 뛰놀게 될지도 모를 일이다. 그 분 가신 뒤의 세월에도 저 기라성 같은 수많은 선지식들이 그러하였듯…….

시대적으로 너무 멀리 헤매어 왔지만, 우리가 세상을 이렇게 살아가도 되는 것인지, 세상이 이렇게 흘러가도록 그냥 두어도 되는 것인지 여전히 모르겠다면, 이제는 거짓된 믿음에 갇힘으로써 혹은, 허황된 이론을 무모하게 실험하느라, 뜯어보면 그저 탐진치(貪嗔癡)뿐인 것들로 자신의 인생과 세상을 더 이상 암담하게 만들지 않았으면 좋겠다. 이제는, 덮어놓고 우리의 깜냥대로 어떻게 해 보려는 구구하고 피곤한 노력도 그만 좀 접을 때가 왔는지도 모른다. 역사와 공간을 뛰어넘는 진리를 증득하고 설파하신 정각자(正覺者)의 포효에, 다름아닌 우리 진성(眞性)의 빛과 온기에 우리의 머리가 깨져나가야 할 때인지도…….

살다가 맑고 따뜻한 아름다운 사람을 만나게 되고, 우리의 가슴 속에서 인류의 미래에 대해 빛의 움이 트는 것은, 우리가 이제부터라도 인과(因果)를 온전히 믿고 살고, 열반을 향하여 힘을 내어 나아가기 시작했을 때뿐이다.

우리 모두가 이 미망의 꿈에서 어서어서 깨어나 생사의 고통과 슬픔과 막막함을 여의고 해탈과 열반을 성취하기를…….

이 경전이 유통되도록 마음을 모아주신 어진 분들께 모든 공덕을 돌린다.

부처님 열반 후 2550 년 봄

역자 합장

〈법구경〉 서평

수행자가 있는 세상은 큰 기쁨

탄선呑禪 김 출 곤

열반을 가리키지 못하는
천 마디 말 어디에 쓰랴
듣는 이의 마음을 바로 쉬게 하는
일구(一句)의 법문이 값지고 귀하다(50면)

학문을 하는 것은 항상 뭔가 허전했다. 거목의 잎사귀들은 가을바람에 우수수 떨어지는데, 그 생생하고 광활한 흐름에 동참하지 못하는 허전함 같은 것. 뭔가 타는 목마름이 있어 학문을 했겠지만, 이제 그 목마름이 가시니 천 마디 말, 만 마디 말이 모두 부질없다. 이제는 학문을 하게 했던 그 마음을 쉬게 하는 한 마디 법문이 더 귀하고 더 값지다. 아니, 그 마음을 쉬게 되니, 한 마디 법문이 참으로 귀한 것임을 알겠다. 그 "일구의 법문" 들은 너무나 분명한 것들이어서 도리어 얻기가 힘들었나 보다. 법구경의 한 마디 한마디 법문을 듣노라면 마치 산사의 수조에 또르르 떨어지는 물을 마시는 듯하다. 특별할 것 없으되 참 맑고 깨끗한 것. 몸 안으로 흘러 마음을 적시는 것이 마치 물 흘러 꽃 피듯 하다.

"법구경은 원래 부처님의 법구를 모은 게송집이었다. 다시 말해, 이 경은 부처님께서 처음부터 끝까지 연달아 한 번에 설하신 것이 아니라, 불멸 후 경전 결집이 이루어지고 난 몇 백년 후에, 법구존자가 아함경 가운데 나오는 게송을 두루 살펴, 요긴하고 핵심적인 것들을 가려서 엮은 경"(345면)이다. 법구존자는 한 마디 법문, 한 편의 게송으로 부처님의 가르침을 대신하고자 했던 것이다. 그런 만큼 국내에는 번역본이 헤아릴 수 없이 많다. 덕현스님 번역의 법구경은 그중 가장 최근의 역본이다.

번역본들을 일일이 비교하여 우열을 논하는 것은 피하겠다. 그런 것도 내가 목마를 때에나 하는 것일 터. 덕현스님 역본으로 읽으면서 더없이 흡족했기 때문인지도 모르겠다. 그저 덕현스님 역본의 몇 가지 특징만 언급하고 싶다.

먼저, 이 역본에서는 전통적인 용어 내지 선불교 문헌의 용어가 비교적 눈에 많이 띈다. 무량겁, 삼독, 염리, 정념, 단견, 상견, 선열, 근기, 선근, 안심입명, 본분사, 일대사, 두타행 등등. 그래도 이런 정도의 것들 이외에는 특기할 만큼 생소한 용어는 없다. 법구경 자체가 워낙 평담한 언어로 이루어져 있기 때문이다. 물론 일반인들이 어렵다고 느낄 용어에는 책 뒷편에 역주를 달았다. 가령 염리(厭離)에

관한 역주는 이렇다:

진리에 눈뜨게 될 때, 그 동안 미망에 사로잡혀 애착하거나, 각성된 마음이 부족하여 단호히 끊고 떠나지 못하던 것을, 비로소 그 실상을 바로 봄으로써 진실로 싫어하는 생각이 일어나 마음이 거기서 아주 떠나 자유로워지는 것.(333면)

이런 역주는 학자의 역주가 아니다. 학자 너머의 안목을 갖춘 분의 역주이다. 역주 하나하나가 법문 같다. 사성제, 팔정도, 정념, 단견, 상견 등에 관한 역주는 가장 짧게 가장 깊이 일갈하는 법문 같아서 감동적이기까지 하다.

다음으로, 선택된 낱말들이 맑고 문체가 아름답다. 법구경뿐만 아니라 초기경전들의 빨리어 번역본들을 읽을 때마다 언제나 아쉬운 것은 우리말의 아름다움이었다. 굳이 버릴 이유가 없는 전통적 불교용어들을 대부분 버리고서 풀어서 번역하느라 그랬는지, 도무지 경전의 문체와 낱말이라고 할 수 없는 역본들이 즐비한 것이다. 그러나 덕현스님 역본은 존중해야 할 전통적 불교용어를 그대로 살렸고 문체도 드물게 뛰어나다. 그리고 하나하나 낱말의 선택이 예사롭지 않다. 그 예들:

열반이란 비어있음이요, 자취가 없는 것
해탈자의 행로여,
허공을 나는 새가 날개짓의 자국을 남기지 않듯,

그 가는 길에도 자취가 없네(211면)

욕망의 밀림에서 모든 나무를 남김없이 제거하라
한두 그루 베어 넘기는 것으로 그치지 말지니
비구여, 그 밀림에서 두려움이 일지 않더냐
욕망을 자취 없이 근절하여 두려움에서 벗어나라(226면)

정념수행(正念修行)을 즐거워하고
늘 나태와 방종을 경계하는 수행자를 보아라
크고 작은 장애를 뚫고 거침없이 나아간다
온갖 것을 사르며 번지는 불길같지 않으냐(261면)

니체의 통찰을 빌자면, 일상화된 언어는 더는 알아볼 수 없을 정도로 닳아버린 동전과도 같다. 언어가 보편화될수록 그 언어를 사용하는 자의 해석권에 더 깊이 함몰되기 때문에, 그만큼 원래의 자리에서 이탈하게 된다. 그런 점에서 현대인에게 생소한 전통적 용어가 오히려 불교의 가르침을 더 직접적으로 가리킬 수도 있다. 그러한 용어는 현대의 해석지평을 끊어야 비로소 드러나는 자리에 위치하고 있기 때문이다.

우리시대에 익숙한 용어만으로 번역하는 것은, 불교의 가르침을 현대의 해석지평으로 끌어내리는 역할을 할 수도 있다. 그러나 불교의 가르침이 생각이 끊어진 자리를 겨냥하고 있을진대, 현대의 해석지평에 무작정 동화시켜도 괜찮은 것인지 재고할 필요가 있겠다. 덕현스님 역본은 이러

한 고심을 한 흔적이 역력하다:

누구나 인정하듯이 법구경은 매우 쉽고 간결한 느낌을 주는 법문이다. 그러나, 그 안의 함의는 아무도 쉽게 지나칠 수 없는 깊이와 날카로움을 지니고 있다. 그런데, 그것을 지나치게 쉽게 푸는 데만 치우쳐 옮기다 보면, 높고 현묘한 법문을 그저 밋밋하고 너무 평이하거나 오히려 모호해져버리게 하는 함정에 빠질 수 있음을 경계하였다. [...] 대중성만을 고려하여 무작정 쉽게 하는 번역보다는, 좀더 정확한 개념과 분명한 사상적 틀을 통하여 불법의 참뜻과 그 위대성을 가능한 한 왜곡 없이 파악하도록 하는 번역이 시기적으로 더 큰 효용이 있다고 판단하였다. (344면)

결국, 결론은 "무엇보다 곡해 없이 여래의 뜻에 최대한 가까이 다가가고자 하는 데 제일 큰 주안점을" (343면) 두는 것이다. 그것을 위해서 현대의 해석지평도 끊는 것이고, 그것을 위해서 용어도 취사선택하는 것이고, 그것을 위해서 새롭게 번역하는 것이다. 그렇다면, 마침내 "여래의 뜻", "불법의 참뜻" 을 아는 것이 관건이다. 그리고 이것이 번역본의 성패를 가르는 분수령이기도 하다. 그 분수령을 향해 가 보자:

부처님은 과연 산문(山門)의 세월이 깊어갈수록 그리워지는, 스승 가운데 스승이다. 그 옛날, 그 분이 우리처럼 땅위를 걷고, 말하고, 우리를 바라보았을 그 때는 진정 그립고 그리운 시절이다.

아, 그 분의 용맹한 지혜는 만고에 변치 않는 히말라야의 설봉(雪峰)처럼 드높아, 온갖 미혹된 소견과 팔만사천의 번뇌를 거침없이 부숴버렸고, 그 분의 헤아릴 수 없는 자비심은 드넓은 인도평원 저 아득한 지평선 너머로 가장 낮은 각도에서 뜨고 지는 태양빛처럼 따스하게 사람들의 가슴을 울리어 적셨으리라. 모습은 사자처럼 위엄이 넘치고, 걸음걸이는 코끼리처럼 당당하고…… 호숫빛 같은 눈매는 타르사막 한가운데서 한밤중에 바라보는 별빛 같았으며, 진리를 설하는 음성은 태고의 파도소리처럼 잔잔하면서도 저항할 수 없는 힘과 깊이가 서리고 맑았으리라.

이 경에는 실로 그런 부처님의 면면이 절절하게 드러나 있다.

이 대목을 읽으면서 혹시 이것이 법구경의 본문이 아닌가 하는 생각을 잠시 했다. 그러나 이것은 역자의 〈옮기고 나서〉의 한 대목이다. 부처님의 지혜, 그 분의 자비심, 그 분의 모습, 그 분의 걸음걸이, 그 분의 눈매, 그 분의 음성을 이처럼 장엄할 수 있다니, 마치 부처님을 곁에서 모셨던 어느 제자가 오늘의 한국에 살아온 듯했다. 그것도 누구보다도 유려하게 우리말을 구사할 줄 아는 어느 제자가.

이런 안목이 있기에 역자스님은 법구존자의 편집을 재배열할 수 있었겠다. 논리적 연결보다는 게송에 등장하는 낱말을 중심으로 분류한 법구경의 기존 편찬에, "조심스런 마음으로 약간의 틀을 벗어난 시도를 감행"(346면)한 것이다. "내리 읽어나가도 끊어지지 않고, 점점 법의 대해 속으로 깊어져 들어가는 느낌이 들기를 기대"(346면)한 역자스님의 이 시도에는 산문에서 정진하는 수행자의 맑고 두렷한 눈길이 들어 있다. 이 눈길은 낱말의 선택에서도 드러나며 운율, 문체에서도 드러나며 편집에서도 드러난다. 역주와 옮긴이의 말에서도 드러난다. 이 역본을 일이관지하는 것은 한 마디로 '선승의 두렷한 눈길'이다. 부처와 선지식과 수행자를 한 꼬치에 꿰는 듯한 눈길.

이런 책을 평할 때 드는 유일한 아쉬움은 이것이다. 역자의 한마디 한마디는 황금덩어리 같은데, 이 책을 평하는 나의 앎은 깨진 기왓장 같다는 것. 그리하여 내 기쁨은 실로 크기만 하다:

어머니가 살아계신 세상은,
아버지가 살아계신 세상은 기쁨이다
수행자가 있는 세상은 큰 기쁨,
성스러운 수행자가 있는 세상은 진실로 큰 기쁨이다(30면)

역자스님께 삼배를 올린다. 그리고 이 책을 선물해 주신 분께 두손 모아 감사를 전한다.

법구경 法句經

3쇄 발행 | 2016년 12월 8일
지 은 이 | 덕현스님

펴낸곳 | 도서출판 법화
등 록 | 2012년 8월 24일 제 447-2012-02호
주 소 | 충북 음성군 삼성면 덕호로 335-14
전 화 | 070-8942-1550
이메일 | beophwabook@gmail.com

ISBN 978-89-969665-1-7 (03220)

값 10,000원